CHINA BUCKET LIST

|

베이징을
기억하다

|

심재훈 지음

CHINA BUCKET LIST

베이징을
기억하다

바른북스

제국의 수도 베이징에서
소소한 일상과 만남들

자금성, 천안문, 만리장성······.

중국 수도 베이징北京을 떠올리면 가장 먼저 생각하는 것들이다. 일명 가장 보고 싶어 하는 "차이나 버킷리스트"로 불린다.

한국인 관광객들이 패키지 관광이나 자유 여행을 오면 반드시 찾는 관광 명소이기 때문이다. 이마저도 2020년 3월부터 코로나19 사태로 입국이 제한되면서 구경하기도 힘들어졌지만 말이다.

이런 유명 관광지를 둘러보는 것도 좋지만 이는 자칫하면 '장님 코끼리 만지기'가 될 수도 있다. 3박 4일 베이징 패키지 관광을 다녀온 사람이 베이징에서 10년 이상 산 교민보다도 더 중국을 잘 아는 듯 얘기한다는 우스갯소리도 있으니 말이다.

베이징은 그 크기만 우리나라 경기도만 하다. 남쪽에서 북쪽 끝까지 갈려면 3~4시간이 걸릴 정도로 크다. 인구 또한 2천300여만 명에 달한다. "징진지京津冀"로 불리는 베이징의 위성 지역인 허베이河北성과 톈진天津까지 합치면 베이징의 영향권 규모는 한반도 면적을 넘어선다.

이런 '메가 시티'를 가장 잘 아는 법은 그 속에 사는 베이징 사람들의 일상과 동선을 살펴보는 것이다. 진정한 '차이나 버킷리스트'는 바로 일상 속의 삶이라는 의미다.

평범한 베이징 토박이들의 삶은 어떨까.

아침에 일어나 집 근처나 회사 인근 식당 등에서 간단히 국수나 전병 등을 먹거나 음식을 싸 들고 오전 8~9시까지 출근한다. 지하철이나 버스를 많이 이용하지만 공유 자전거도 최근에는 대세다.

오전이나 점심 그리고 저녁에는 직장 또는 집 근처 공원에서 산책을 하거나 운동을 한다. 오후 5시 퇴근하면 싼리툰三里屯이나 798 예술구, 궈마오国贸, 스차하이什刹海나 첸먼前门 인근 후퉁胡同 또는 동네 인근 식당을 간다. 여기서 류란산牛栏山과 같은 값싼 중국 술인 바이주를 곁들여 술을 마시며 지인들과 시간을 보내는 게 일상이다. 집에 와서는 반려견을 산책시키거나 아이들과 함께 나와 줄넘기나 배드민턴 등을 하기도 한다.

주말에는 차를 몰고 교외의 구베이수전古北水镇이나 만리장성, 교외 농장이나 별장 등에서 시간을 보낸다. 아니면 고속철과 비행기를 타고 톈진, 칭다오青岛, 상하이上海, 샤먼厦门, 다롄大连 등 지방 여행도 즐긴다.

이런 소소한 모습들을 우연히 계속 지켜보다 보면 베이징 사람들의 알 듯 말 듯한 속내가 자연스레 드러나게 된다. 수도 베이징 사람이라는 자존심과 더불어 강력한 통제에 따른 절제가 몸에 배어 있다. 하지만 그에 못지않게 자본주의의 풍요로움과 서구식 생활에 대한 동경 그리고 높은 생활 수준을 누리고 있다. 따라서 '공산주의라는 옷을 입은 자본시장 상인'이라는 표현이 적합할 듯싶다.

이제는 베이징을 떠올릴 때 30~40여 년 전 마오쩌둥과 덩샤오핑 시대의 허름한 중국을 떠올려선 안 된다. 서울과 도쿄에 못지않은 발전 속에 '중국 특색 사회주의'라는 강력한 사상까지 무장하고 있어 앞으로 어떤 모습으로 변모할지는 알 수 없다.

하지만 베이징 사람들의 소소하고도 일상적인 삶은 체제가 어떻게 변하든 그 전과 마찬가지로 현재와 미래에도 이어질 것이다.

이것이 바로 필자가 베이징 공원 등을 조명하는 이유다. 그런 일상 공간 속에서 진정한 '차이나 버킷리스트'를 발견할 수 있다고 생각한다.

목차

| 서문 |
제국의 수도 베이징에서 소소한 일상과 만남들

——— Part 1 ———

걷다 보면 공원,
여기가 바로 진짜 중국

Part 2

베이징의 숨결 속
전통 뒷골목 '후퉁'

| 마무리하며 |

CHINA BUCKET LIST

걷다 보면 공원,
여기가 바로
진짜 중국

'동네 공원이라기엔 너무 크다' 중국 공원

— 공원 문화로 이뤄진 중국인들 삶······ 여가, 휴식, 오락, 요양까지

"동네마다 이렇게 큰 공원이 있다고요?"

베이징에 온 한국인들이 동네마다 있는 큼지막한 공원에 놀라면서 하는 말이다.

중국 전체뿐만 아니라 수도 베이징이 한국보다 낫다고 생각되는 부분은 단연 공원이다.

중국은 사회주의, 공산주의 국가라 통제를 강력히 하다 보니 의도적으로 동네마다 집체 활동 등을 위한 공간을 조성해 놨다. 광장 또는 공원이 바로 그러하다.

동네 공원도 대부분 대규모 아파트 단지만 하다. 올림픽 삼림 공원이나 차오양 공원, 베이하이 공원은 여의도 공원의 최대 10배에 달할 정도며 그 안에 조성된 호수가 잠실 석촌호수의 몇 배에 이를 정도로 압도적인 규모를 자랑한다.

이렇게 공원 규모가 큰 것은 베이징 인구가 2천300여만 명에 달할 정도로 많다는 점도 고려됐을 것이다. 하지만 무엇보다 공원에서 주민들이 여가, 휴식, 오락, 요양까지 모두 해결할 수 있도록 하자는 정책적 목표도 담겨 있다.

베이징의 공원 구조는 일반적으로 잔디밭과 호수, 산책 및 운동 트랙, 야외 탁구장, 건강 운동 기구, 마작 및 장기판, 광장, 놀이공원, 간이매점 등으로 돼 있다. 한마디로 있을 게 다 있는 셈이다.

운영 시간은 하계와 동계가 다르지만 일반적으로 오전 7시부터 오후 9시까지 이용할 수 있다. 집 근처 공원을 가면 오전, 오후, 저녁에 산책 또는 러닝을 하는 사람들을 흔히 볼 수 있다. 대부분 무료지만 톈탄 공원 등 문화 유적 등이 있는 공원은 입장료를 받는다.

중국도 생활 수준이 높아지면서 나이키 트레이닝복에 애플 이어폰을 귀에 꽂고 운동하는 젊은이들이 많다. 그러나 청바지 등 평상복 차림이나 허름한 러닝셔츠 차림으로 운동장을 도는 사람들도 적지 않다. 중국 공원에서는 자전거 출입이 금지돼 있어 공원 트랙을 돌다가 자전거와 마주칠 일은 없다는 점도 장점이다.

공원 잔디밭에서 연을 날리는 사람들도 많다. 한국도 1980~1990년대까지만 해도 동네마다 가오리연 등 연날리기가 많았는데 지금은 찾아보기 어렵다.

베이징 공원에 가면 노인들이 잔디밭에서 낚시의자에 걸터앉아 초대형 연을 날리는 모습을 쉽게 볼 수 있다. 한국처럼 가오리연, 방패연도 볼 수 있지만 대부분 매나 독수리 등 새 모양의 연을 많이 날린다.

그 모양 또한 성인 크기만 하다. 연 날리는 기구로 좌우를 흔들어대면 거대한 연이 곧추선다. 이후 연 주위를 수차례 돌면서 줄을 풀면 연이 점점 솟구쳐 오르기 시작한다. 베이징은 바람이 워낙 센 동네라 일단 바람을 타면 100여m 상공까지 훌쩍 올라가 아득해 보일 정도다. 옆에 쭈그리고 앉아 구경해도 연을 날리는 노인들은 아랑곳하지 않는다. 그러다 말을 걸면 마치 기다렸다는 듯이 마오쩌둥 시대부터 문화혁명까지 1~2시간 동안 옛이야기가 쏟아져 나온다.

연 날리는 노인들은 주로 연을 높이 띄워 놓은 뒤 또 다른 연을 띄우는 데 주력한다. 예전의 한국처럼 상대의 줄을 끊는 연싸움 같은 것은 하지 않는 것 같다. 다만 누가 더 많은 연을 더 높이 날리는가가 이들 노인의 관심사로 보였다. 아마도 창공 속의 연에 자신의 청춘이 담겼기 때문이 아닐까.

　　공원 광장에서는 항상 광장무를 추는 여성들로 넘쳐난다. 20
대 여성은 찾아보기 힘들고 대부분 30~50대 여성들이다. 요새
10~20대 여성들은 틱톡과 같은 SNS에 자신의 댄스 영상을 올리거
나 별도 댄스 학원을 다니며 한국 아이돌 그룹의 춤을 따르는 게
유행이다.

　　광장무는 대형 스피커로 한국의 트로트와 같은 흥겨운 중국
노래에 맞춰 수십 명부터 수백 명이 대열에 맞춰 똑같은 춤을 추며
돌거나 짜인 안무를 되풀이한다.

　　공원에서는 3~4팀 이상이 항상 이런 광장무를 즐긴다. 각 팀
마다 리더가 있어 광장무 안무를 주도하며 일반 관람객들도 즉석에
서 참여해 즐길 수 있다. 어떤 광장무는 수백 명이 부채나 봉 그리
고 단체 유니폼을 입고 매스게임을 연출하기도 한다.

　　신장 위구르족 등 일부 소수민족들이 전통 복장을 입고 광장무를 연습하는 장면 또한 장관이다.

특히 남녀가 공원에서 브루스, 탱고 등 사교춤을 함께 추는 장면도 이색적이다. 주로 노년층으로 구성되어 복장도 제법 잘 차려입고 서로 파트너를 바꿔 가면 춤을 추는데 구경하는 사람들을 전혀 의식하지 않는다.

공원에 완장을 차고 통제를 담당하는 보안원들도 시끄러운 광장무나 사교춤만큼은 관여하지 않는 건 이런 게 바로 중국 공원의 전통문화로 여겨지기 때문일 것이다.

공원에서 태극권과 칼춤 그리고 팽이 등을 돌리는 사람들도 적지 않다.

공원 구석에는 쿵후 복장의 수련생들이 명상을 즐기며 태극권 수강생을 모집한다는 플래카드도 제법 많이 내걸려 있다. 팽이는 예전에 우리나라에서 썼던 것과 유사하지만 팽이의 크기가 성인 주먹보다 크고 팽이채가 소 채찍만 해서 '딱' 칠 때마다 공원 전체에 쩌렁쩌렁 울려 퍼진다. 가까이 가면 귀가 따가울 정도다. 워낙 위압적인 소리 때문인지 팽이를 치기 시작하면 주변에는 사람들이 가까이 가지 않는다.

광장 한편에서는 양동이에 물을 받아 커다란 붓으로 바닥에 글씨를 쓰는 노인들도 심심치 않게 보인다. 주로 당 및 송나라 고시를 적는데 필체가 다들 예사롭지 않다. A 공원에서 한 노인에게 왜 붓과 벼루를 이용해 종이에 쓰지 않냐고 묻자 "길바닥에 글을 쓰는 데는 그 나름대로 멋이 있고 수백 년간 내려온 전통"이라고 말했다.

광장은 또한 중국 공산당의 선전장이기도 하다.

보통 광장 한편에는 대형 게시판에 있고 "사이비 종교를 믿지 말라"는 경고문 또는 "백신을 맞아 코로나를 이기자"는 등 선전 구호들로 채워져 있다. 어떤 공원을 가도 이런 공산당과 정부의 주민 선동 구호는 빨간색 플래카드로 곳곳에 붙어 있다.

체육 시설 또한 이채롭다.

철봉과 윗몸 일으키기, 허리 운동 기구 등은 한국과 동일하다. 좀 다른 것은 운동 기구들 옆에 마작과 장기판도 고정적으로 설치돼 있다는 점이다. 마작 패와 장기 말이 판에 붙어 있어 잃어버릴 염려는 없다. 평상시에도 공원에서 노인들이 앉아서 마작을 하거나 장기를 두는 모습을 볼 수 있다. 이 마작판에서 포커 등 카드놀이를 하며 돈내기를 하는 경우도 적지 않다. 공원 한쪽에서 중년 또는 노인들이 몰려있으면 십중팔구 내기 장기 또는 내기 카드 게임이다. 중국 정부는 '도박'을 금지하고 있지만 공원에서 노인들이 하는 이런 소규모 돈내기 게임 정도는 눈감아 주는 분위기다.

'탁구' 원조 국가답게 공원마다 야외 탁구장이 꼭 있다.

한두 개가 있는 게 아니고 큰 곳은 테이블이 수십 개에 달한다. 열기도 대단해서 어린이부터 노인들까지 탁구를 치는 연령대가 다양하다. 구사하는 기술 또한 아마추어라고 하기엔 놀라울 정도다. 동네마다 탁구 전문 레슨도 성행한다. 한국 교민들 중에서 중국 탁구 선수 출신들에게 개인 레슨을 받아 실력이 일취월장해 지역 대회에 나간 사람도 있다.

호수와 정자 또한 웬만한 동네 공원에는 필수다.

아무리 작은 공원이라도 호수가 없으면 공원이 아니라는 중국인들의 인식 때문인지 '미니 호수'라도 갖춰 놓는다. 호수에는 예외 없이 연꽃이 심어져 있다. 여름에 연꽃이 피면 공원 전체가 화사하게 변모한다. 보통 호수 가운데 또는 측면에는 정자가 있어 이곳에서 호수와 공원 전경을 감상할 수 있도록 해 놨다.

이 정자에는 색소폰 등을 연주하는 노인이나 중국 애국 가요를 부르는 노인 팀을 흔히 볼 수 있다. 재미있는 건 이들이 아무리 큰 음악 소리를 내도 아무도 신경을 쓰지 않는다는 점이다.

대체로 호수 물은 깨끗하지 않다. 한여름에는 녹색을 띠는 경우가 많고 시큼한 냄새가 나기도 한다. 하지만 금붕어와 잉어를 많이 풀어놓아 어린이들이 과자 등을 먹이로 던져 주며 즐거워한다. 올림픽 공원이나 차오양 공원처럼 큰 호수에는 오리나 거위 등이 많이 서식하고 있다.

겨울에는 공원 호수를 스케이트장 또는 썰매장으로 이용하는 경우가 많다. 서울에서는 볼 수 없는 이색적인 풍경이다.

워낙 추운 날씨 탓에 12월 초만 돼도 호수 대부분이 꽁꽁 얼어 스케이트를 타는 데 무리가 없기 때문이다. 이때가 되면 인근 대형마트에서 썰매나 스케이트를 구입해 아이들을 데리고 와서 시간을 보내는 부모를 많이 볼 수 있다. 아이들은 집에서 망치를 들고 나와 호수 얼음 깨기에 열중한다.

아무리 작은 공원이라도 나름 구색을 갖춘 놀이 시설은 있다.

일종의 초소형 롯데월드가 동네 공원마다 있는 셈이다. 바이킹부터 회전목마, 미니 비행기, 미니 열차, 트램펄린, 미니 롤러코스터 등 있을 건 다 있다. 다만 시설이 노후하고 규모도 작아 초등학생 저학년 정도까지 즐겁게 이용할 수 있을 정도다. 주말에는 인파가 몰리지만 평일에는 이용자가 거의 없어 놀이 시설을 껐다가 이용객이 오면 가동한다. 이렇게 해서 어떻게 돈을 버는지 신기할 따름이다.

베이징 공원에 대한 관리는 거의 흠잡을 데가 없다. '인구 대국'답게 워낙 관리 인력이 많기 때문이다.

공원 문을 지키는 관리인부터 화장실 청소원, 잔디 관리원, 보안원까지 곳곳에 보이는 게 공원 직원들이다.

공원을 수놓는 꽃도 수시로 바뀐다. 한국의 공원처럼 기존에 조성된 꽃이나 나무를 꾸준히 가꾸는 게 아니다. 베이징의 공원은 철이 바뀌면 아예 다 뽑아 버린다. 그리고 다른 곳에서 꽃 등을 가져와 최상의 상태를 유지하는 방식을 쓴다. 기존 꽃밭을 없애 버리고 새로운 모종을 심기도 한다. 엄청난 인력이 아니면 엄두도 못 낼 일이지만 워낙 공원 관리 인력이 남아도는 덕분에 충분히 가능해 보인다.

베이징 공원의 화장실은 대체로 깨끗한 편이다. 시진핑 중국 국가 주석이 집권하면서 문화 및 생활 수준을 높이자며 '깨끗한 화장실 혁명'을 추진한 데 따른 것이다.

그럼에도 여전히 화장실에는 양변기가 설치된 곳과 중국 전통의 좌변기가 공존하고 있어 한국에 비하면 아직도 전반적으로 열악한 편이다. 화장실 건물에는 담당 관리인의 별도 공간이 있어 이곳에 머물며 수시로 청소한다. 어떤 경우는 이곳에서 관리인들이 아예 거주하는 경우도 있다.

이처럼 베이징 공원에는 베이징 토박이들의 생활이 날 것 그대로 스며들어있다. 그래서 공원 산책을 할 때마다 "우연히 마주친 진짜 베이징"이라는 문구가 떠올랐다. 베이징을 여행한다면 반드시 주변 공원에 가보라. 1~2시간만 돌아보거나 벤치에 앉아 중국인들을 지켜보다 보면 자연스럽게 내 말에 고개를 끄덕이게 될 테니 말이다.

'런닝맨'
올림픽 공원에 와라

📍 奥林匹克公园 北京市朝阳区北辰东路15号

올림픽 주경기장과 우뚝 선 기념탑이 보이면 바로 맞은편에 거대한 공원이 눈에 들어온다. 규모만 $6.8km^2$에 달한다. 중국을 대표하는 명승지인 이화원과 원명원을 모두 합한 것보다 10배나 큰 면적을 자랑한다.

바로 베이징 시민들이 사랑하는 올림픽 공원이다. AAAAA급 최고 등급의 풍경구다. 서울 사람들이 공원하면 여의도 공원을 떠올리듯 베이징 사람들에게는 올림픽 공원이 바로 그런 소중한 공간이다.

올림픽 공원 주변의 경기장 건물들도 큰 구경거리지만 베이징 시민들은 매일 아침부터 저녁까지 올림픽 공원에서 산책도 하고 러닝도 하며 건강을 단련한다. 연인들의 훌륭한 데이트 코스이기도 하다.

올림픽 공원 입구에 들어서면 안전 검사를 받아야 한다. 중국의 지하철이나 다른 시설과 마찬가지로 물과 같은 액체는 가지고 들어갈 수 없다. 검사대에서 생수를 약간 마셔 보든지 폭발물과 관련이 없다는 것을 입증해야 한다.

공원 곳곳에 다양한 자판기가 설치돼 있어 빈손으로 와도 물을 마시거나 배를 채우는 데는 지장이 전혀 없다. 코로나19 사태로 방역이 강화되면서 공원 입장 시에는 체온 측정과 스마트폰의 건강

인증 코드를 스캔해야 입장이 가능하다.

　검사를 받고 안으로 들어가면 커다란 광장과 호수가 보인다. 그리고 곳곳에는 운동화와 스포츠용품을 파는 전문 브랜드숍이 가득하다. '리닝' 등 중국 스포츠 브랜드들이 많은 게 특이한 점이다.

　다른 공원보다 압도적으로 크다 보니 달리기를 위해 전문적인 운동복을 차려입은 사람들이 많다. 가슴에 번호표를 달고 미니 마라톤 대회를 하는 광경도 쉽게 볼 수 있다. 그만큼 거대한 호숫가를 따라 트랙이 잘 꾸며져 있기 때문이다.

　올림픽 공원이 워낙 크다 보니 산과 비슷한 언덕들도 여럿 있다.

　　이 가운데 한 곳을 올라 보니 특이한 기념석이 보인다. 앞이 확 트인 곳에 놓인 이 비석에는 중국어, 영어, 한글로 '베이징 중심 축'이라고 쓰여 있다.

　　이 공원은 호수와 언덕이 어우러지며 장관을 연출하며 남녀노소가 하루 종일 운동할 수 있다는 점에서 새벽부터 저녁까지 평범한 중국인들의 생활을 잘 들여다볼 수 있는 곳이다.

● 올림픽 공원

| '런닝맨' 올림픽 공원에 와라 |

올림픽 공원

| '런닝맨' 올림픽 공원에 와라 |

'베이징 식수 책임진다'
대운하 공원

📍 北京大运河森林公园 北京市通州区宋梁路南段

베이징에서 넘실대는 운하의 물결과 신선한 바람을 맞고 싶다면 어디로 가야 할까.

답은 바로 베이징 대운하 삼림공원이다.

이 공원은 통저우通州구 통저우 신도시 북쪽 운하의 양쪽에 위치하고 있다. 베이징의 6환 정도 되는 외곽에 있어 접근성이 그리 좋지는 않다. 그만큼 청정하다는 의미도 된다.

베이징 운하 중 8.6km를 양쪽에 두고 조성된 대규모 공원으로 713ha에 달하며 AAAA급 관광지로 지정돼 있다. 베이징의 식수원이기도 하다.

중국의 남부 항저우에서 베이징까지 이어져 온 대운하의 지류다.

중국 수나라 대운하의 최북단은 베이징 지역이다. 원나라 때 대운하 준설 등으로 베이징 스차하이까지 운하가 연결되면서 남북 대운하가 만들어졌다. 특히 퉁저우 운하는 홍수와 빠른 유속 등으로 난파선만 수십여 척에 달하는 등 운항이 쉽지 않은 수로 지역이었던 것으로 알려졌다.

이 공원 끝쪽에는 고대에 재신을 모시는 사원이 복원돼 있다. 과거 상인들은 이 절에서 향을 피우고 제사를 지내고 부를 기원했다고 한다. 당시 이 절 앞에서 장막을 치고 행인들에게 차를 팔던 게 유래가 돼 '찻방'도 조성돼 있다.

이 대운하 공원에는 무성한 삼림과 과수원 등이 있어 삼림욕 하는 데 최적이다. 복숭아, 대추나무와 더불어 버드나무, 유칼립투스 나무, 살구 꽃, 배꽃 등 테마 별로 숲이 잘 조성돼 있다.

대운하를 따라 수 km 이어진 산책길을 자전거로 타고 돌아보는 재미는 가히 최고라 할 수 있다. 걸어서 구경하려면 4시간 이상 걸린다. 자전거로도 1시간 정도를 소요될 정도다.

또한 곳곳에 캠핑장이 조성돼 있어 베이징 캠핑족에겐 최적의 장소라 할 수 있다. 최근 베이징 주민들의 트렌드는 캠핑이다. 베이징의 생활 수준이 급격히 높아지면서 한국과 마찬가지도 베이징에서도 캠핑이 일상 속에 자리 잡기 시작했다. 주말이 되면 캠핑 장비를 실은 벤츠, 포르쉐 등 고급 외제 차들이 외곽 길을 가득 메운다.

이 공원에는 놀이공원도 큰 규모로 조성돼 있어 바이킹부터 회전 관람차, 롤러코스터까지 놀이기구가 다양해 어린이들로 북적인다.

건조 지역으로 강을 좀처럼 구경하기 힘든 베이징에서 탁 트인 큰 강을 보고 싶다면 단연 이곳을 권하고 싶다. 물론 이곳은 운하지만 그 규모는 한강과 견줄 만하기 때문이다.

대운하 공원

| '베이징 식수 책임진다' 대운하 공원 |

🎱 대운하 공원

| '베이징 식수 책임진다' 대운하 공원 |

● 대운하 공원

| '베이징 식수 책임진다' 대운하 공원 |

'SUN PARK'라 불릴 만한
차오양 공원

📍 北京朝阳公园 北京市朝阳区朝阳公园南路1号

"차오양 공원 말이죠. SUN PARK라고도 불리죠."

차오양공원은 베이징 차오양구를 대표하는 대규모 공원이다. 영문은 'SUN PARK'. 말 그대로 태양의 공원이다. 1984년에 조성됐으며 1992년 '차오양 공원'으로 개명됐다. 규모가 288ha에 달할 정도로 베이징 4환에 있는 가장 큰 공원이다.

장쩌민 전 중국 국가 주석이 1992년과 1996년, 2004년에 직접 차오양공원을 방문했다. 199년 12월에는 장 전 주석이 직접 공원 이름을 써 주기까지 할 정도로 명성이 자자한 공원이다.

이 공원 바로 옆에는 란써강완蓝色港湾이라는 대형 쇼핑몰이 위치하고 있어 이 공원에 쇼핑 겸 산책 또는 운동으로 오는 주민들이 많다.

워낙 큰 공원이다 보니 정식 출입구도 4~5개에 이른다.

란써강원 옆에 위치한 공원 정문을 통해 들어가면 생활 체육 운동 기구들이 즐비하고 아침부터 운동하는 사람들로 가득하다. 쭉 따라서 들어가면 광장 쪽에는 광장무와 태극권 등을 하는 사람들도 보인다. 과거 유료로 운영되던 공원이라서 그런지 꽃밭 등이 유달리 잘 단장돼 있다. 코로나19 사태 이후인 2021년 봄부터 무료로 전환됐다.

이 공원도 큰 호수를 둘레로 6km 이상 완주할 수 있는 건강 도보 코스가 있다. 호수에는 카약 등을 타는 동호인들이 있다.

최근 베이징의 캠핑 열풍을 반영하듯이 차오양 공원에는 글램핑장이 있고 숲속에서 외줄 타기 등 다양한 어드벤처 시설도 해 놨다. 종합 경기를 할 수 있는 공설 운동장을 포함해 베이징 시내에선 보기 힘든 자동차 전용 극장도 있다. 마장 마술 서커스 쇼 전용 공연장도 있다.

워낙 공원이 크다 보니 삼발이 자전거를 대여해 한 바퀴 돌 수도 있다. 물론 공짜는 아니고 유료다. 하지만 3~4시간씩 공원 내를 걸어 다닐 자신이 없는 사람은 이용할 필요가 있다.

　생태공원을 표방해서인지 춘화원을 포함해 곳곳에 생태림, 생태 하천, 정자 등이 설치돼 관람객들을 끌어들인다.
　이 가운데 들오리 섬은 호수에 청둥오리 등 수십 마리의 야생 오리가 섬에 설치된 나무집에서 살면서 호수 또는 도보 코스까지 나와 인기를 독차지한다. 들오리는 중국의 국가 2급 야생동물보호종이다.

차오양 공원

| 'SUN PARK'라 불릴 만한 차오양 공원 |

차오양 공원

| 'SUN PARK'라 불릴 만한 차오양 공원 |

● 차오양 공원

| 'SUN PARK'라 불릴 만한 차오양 공원 |

● 차오양 공원

| 'SUN PARK'라 불릴 만한 차오양 공원 |

🌑 차오양 공원

| 'SUN PARK'라 불릴 만한 차오양 공원 |

🎳 차오양 공원

| 'SUN PARK'라 불릴 만한 차오양 공원 |

● 차오양 공원

| 'SUN PARK'라 불릴 만한 자오양 공원 |

🌑 차오양 공원

| 'SUN PARK'라 불릴 만한 차오양 공원 |

● 차오양 공원

| 'SUN PARK'라 불릴 만한 차오양 공원 |

여기가 바로 그 유명한
베이하이 공원

📍 北海公园 北京市西城区文津街1号

"여기가 바로 그 유명한 베이징 베이하이 공원입니다."

시진핑 중국 국가 주석 등 최고 지도부가 살고 있는 중난하이 中南海에 인접한 대표 공원인 만큼 중국인이라면 누구나 알고 있다.

외국인들도 마찬가지다. 중국어 회화를 배우면 교재에 반드시 등장하는 공원이 있는데 바로 베이징 베이하이 공원이다.

그만큼 베이징뿐만 아니라 중국을 대표할 만큼 크고 아름다운 공원이다. 입장해 보면 공원 전체를 아우르는 탁 트인 호수와 언덕 위에 우뚝 선 '백탑' 모양의 라마교 사원이 압권이다.

솔직히 공원이라고 하기엔 너무 크다. 한국의 웬만한 대학보다 면적이 넓다. 공원 내 호수에서 다양한 유람선이 운영될 정도다.

베이하이 공원 매표소 앞에는 한글로 공원 안내가 병기돼 있어 눈길을 끈다. 아울러 중국 지도부가 운집한 중난하이 근처다 보니 주변에 공안들이 대거 배치돼 있어 엄중한 분위기를 연출한다.

베이하이 공원은 면적이 68만m^2며 이 가운데 호수만 38만m^2에 달한다. 요, 금, 원, 명, 청 등 5대 봉건 왕조의 제왕과 황실 구성원들이 물놀이를 하며 잠시 머물거나 행정 사무를 처리하기도 하고 제사를 지내기도 했던 곳이다. 그만큼 다양한 유적이 공원에 산재해 볼거리를 제공해 준다.

1166년 건설을 시작한 베이하이 공원은 세계에서 가장 일찍 조성되고 또한 완벽히 보존된 황실정원으로 알려져 있다.

일단 정문을 들어서면 광활한 호수가 보인다. 호수에는 수백 대의 오리 배부터 시작해 유람선까지 다양하게 있다. 호수의 수위를 관리하는 관개시설 쪽으로 가면 대형 금붕어들이 몰려 있어 장관을 이룬다.

　호수 주변에는 의자들이 쭉 놓여 있다. 의자에 느긋하게 앉아서 베이하이 호수의 잔잔한 물결과 버드나무가 바람에 흔들리며 자아내는 소리를 듣는 건 최고의 행복이다. 여기 또한 곳곳에서 음악을 틀어 놓고 광장무를 추는 노인들도 쉽게 볼 수 있다.

　다른 중국 공원처럼 길바닥에 대형 붓으로 물을 묻혀 글자를 쓰는 노인들도 눈에 띈다.

　황실정원의 위용답게 곳곳에 황색으로 기와를 칠한 웅장한 건물들이 보인다. 황실우체국 건물도 보존돼 있다. 황실의 존엄을 상징하는 용 아홉 마리가 새겨진 구룡벽도 장관이다. 황실 가족들을 위한 선착장도 단정하다.

　　1770년 청나라 건륭제가 모친의 80세 생일을 축하하기 위해
만든 부처 탑도 유명하다.
　　베이하이 공원 꼭대기에는 융안사永安寺라고 하얀색 탑처럼 생
긴 라마교 신전이 있다. 워낙 독특해 베이하이 공원의 상징이다.
　　융안사 바로 옆에는 매점과 전망대가 나온다. 매점에서 커피
를 한잔 뽑아 들고 난간에 서면 베이하이 공원의 압도적인 규모가
한눈에 들어온다.
　　베이징의 중산층 이상이 사는 동네라서 그런지 이 공원의 분
위기는 역사가 오래된 기품이 느껴지면서도 아늑하고 고즈넉하다.
공원 게시판에 나붙은 공산당 기관지인 인민일보를 보는 사람들이
유독 많다는 점도 공산당 지도부가 사는 중난하이에 인접한 이 공
원만의 특징일 듯싶다.

🌏 베이하이 공원

| 여기가 바로 그 유명한 베이하이 공원 |

🌑 베이하이 공원

| 여기가 바로 그 유명한 베이하이 공원 |

☻ 베이하이 공원

| 여기가 바로 그 유명한 베이하이 공원 |

베이하이 공원

| 여기가 바로 그 유명한 베이하이 공원 |

☯ 베이하이 공원

| 여기가 바로 그 유명한 베이하이 공원 |

● 베이하이 공원

| 여기가 바로 그 유명한 베이하이 공원 |

베이하이 공원

| 여기가 바로 그 유명한 베이하이 공원 |

● 베이하이 공원

| 여기가 바로 그 유명한 베이하이 공원 |

● 베이하이 공원

| 여기가 바로 그 유명한 베이하이 공원 |

🌏 베이하이 공원

| 여기가 바로 그 유명한 베이하이 공원 |

🌑 베이하이 공원

| 여기가 바로 그 유명한 베이하이 공원 |

● 베이하이 공원

| 여기가 바로 그 유명한 베이하이 공원 |

베이징 시내 중심부를
관통하는 '칭펑 공원'

庆丰公园 北京市朝阳区通惠河南岸

"베이징 시내 중심부에도 공원이 있습니다."

수도 베이징의 중심인 궈마오國贸에 인접한 칭평 공원은 명실공히 직장인들의 휴식 공간이다.

시 중심부인 2환을 따라 흐르는 강을 끼고 주변에 조성된 공원으로 녹색 생태 문화 지구를 조성하려는 베이징시의 의지가 담겨 있다.

이곳은 1292년 퉁후이 강이 개통되면서 베이징시의 중요 통로로 이용됐던 장소로 칭평 공원에 있는 칭평 수문은 수위 관리에 중요한 역할을 했다고 한다. 2009년 베이징 차오양구는 이 지역의 환경 정화 작업을 하면서 칭평 공원을 만들었다.

강을 따라 조성된 이 공원은 길이가 2.3km에 달하며 이 길을 따라가다 보면 궈마오 빌딩을 시작으로 100층이 넘는 베이징 최고층 빌딩과 삼성 및 SK 빌딩, 베이징TV와 중국중앙방송TV 등 베이징의 대표적인 마천루를 제대로 감상할 수 있다.

강에는 낚싯대를 두세 개씩 걸어 놓고 물고기를 잡는 사람들도 적지 않고 다리 위에서는 연을 날리는 광경을 흔히 볼 수 있다.

강물이 그다지 맑지 않아 잡은 물고기를 식용하기엔 어려워 보이지만 먹기도 한다고 한다. 낚시꾼들에게 물어보니 잉어 등을 주로 잡는데 잔챙이들은 집에 가서 튀기거나 볶아 먹고 큰 게 잡히면 인근 재래시장에 팔기도 한다고 알려 줬다.

주변이 거의 오피스 빌딩이라는 점 때문인지 정장 등 단정한 복장 차림으로 산책하는 남녀들이 눈에 띈다. 이 공원 또한 어김없이 강 주변에 대형 야외 탁구장이 설치돼 북새통을 이룬다.

베이징 도심에 올 일이 있으면 커피 한 잔을 들고 이 공원의 강바람을 만끽하며 스카이라인을 구경해 보는 것도 훌륭한 선택이다.

칭핑 공원

| 베이징 시내 중심부를 관통하는 '칭핑 공원' |

칭핑공원

| 베이징 시내 중심부를 관통하는 '칭핑 공원' |

황제를 위하여……
베이징엔 '일월천지' 공원 있다

'일월천지日月天地. 해, 달, 하늘, 땅'

　일월천지는 세상의 모든 것을 뜻한다. 이를 전부 가질 수 있는 건 과거에 황제만이 가능했다.

　하지만 이제는 베이징에 가면 누구나 가능하다. '일월천지'의 이름을 갖고 있는 총 4개 공원을 각각 볼 수 있기 때문이다. 이건 베이징만의 강점이다.

　베이징은 명, 청나라 수도로 황제, 즉 천자가 살던 곳이었다. 따라서 베이징 곳곳에 하늘을 대신해 중국을 다스리던 황제가 제사를 지내던 제단이 남아있다.

　중국 정부는 신중국을 창건하면서 이런 제단을 모두 공원으로 만들었다. 르탄日壇, 웨탄月壇, 톈탄天壇, 디탄地壇 공원이 바로 그것이다.

　그래서 이들 공원을 산책하다 보면 공원 중심

부에 기다란 기둥들과 원형 또는 각형의 큰 제단을 볼 수 있다. 입장료를 내면 제단까지 올라가 볼 수 있는 곳도 있지만 최근 들어 문화재 보호 차원에서 접근이 금지된 곳도 있다.

　과거 황제는 자금성紫禁城을 중심으로 남쪽에는 톈탄, 북쪽에는 디탄, 동쪽에는 르탄, 서쪽에는 웨탄이 있어 각각 하늘, 땅, 해, 달에 제사를 지냈다.

따라서 톈탄, 디탄, 르탄, 웨탄 공원을 모두 둘러보면 자연스레 황제처럼 '일월천지'의 기운을 다 받게 된다며 일부러 순례하는 사람들도 있다고 한다.

이들 공원 중에서는 톈탄이 그 웅장함과 특색미가 단연 압권으로 중국을 대표하는 문화유산 중에 하나로 꼽힌다. 르탄과 디탄 공원 또한 그 규모가 만만치 않다. 다만 웨탄은 규모도 작을뿐더러 제단 또한 한쪽에 치우친 채 잘 관리되지 못한다는 느낌을 줘 아쉬움을 남긴다.

중국 공원의 진수를 맛보고 싶다면 일단 '일월천지'로 이뤄진 이 4개 공원을 둘러보길 바란다. 왜냐하면 황제가 하늘에 제사를 지내기 위해 최고의 풍수 전문가들을 총동원해 터를 잡은 최적의 장소이기 때문이다.

'북한 대사관 옆집'
르탄 공원

— 중일 우호의 상징, 한국어 안내판도

📍 공원 이름: 日坛公园　　📍 공원 주소: 北京市朝阳区朝阳门外日坛北路6号

공원을 돌다 보면 북한 말을 하는 사람들을 가끔씩 볼 수 있는 곳이 있다.

바로 차오양구 중국 주재 북한 대사관 바로 옆에 위치한 르탄 공원에서다.

르탄 공원 후문을 나와 오른쪽으로 50여m만 걷다 보면 보이는 북한 인공기가 꽂아진 위압적인 건물이 바로 북한대사관이다.

르탄 공원 정문 근처에는 주중 미국 총영사관 등 각국 대사관들이 몰려 있다 보니 그 어떤 공원보다 주변 경비가 철저하다. 공원을 둘러싸고 얼굴 인식을 가능한 감시카메라도 수백여 대 설치돼 실시간 정밀 감시하고 있다.

르탄은 조일단이라고도 부르며 명나라 가정 9년_{1530년}에 착공했다. 명, 청나라 황제들이 태양에서 제사를 지내던 제단이다. 1950년대 르탄 공원으로 조성했으며 부지 면적만 19.8ha에 달한다.

1970년 초에 중일 친선을 상징하는 벚꽃나무를 심고 1980년대에는 '제일 벽화' 등 명소를 건설했다. 2006년에는 국가급 중점 문화재 보호기관으로 선정된 베이징시 최초 공원이 됐다. 르탄 공원에는 마준 열사 묘와 기념실을 설치하여 2001년 베이징시 애국주의 교육기지로 이용되고 있다.

르탄 공원에 들어서면 톈안먼 광장에서나 볼 법한 거대한 국기봉과 중국 국기인 오성홍기가 보인다. 중국 분위기가 물씬 풍기기 때문에 한국의 방송사 베이징 특파원들은 이 공원 국기봉을 배경으로 방송하는 경우가 많다.

이 공원 앞 대형 광장에서는 매일 광장무와 태극권을 하는 사람들로 넘쳐난다. 신기한 것은 광장 옆 르탄 공원에 대한 안내판이 중국어뿐만 아니라 영어와 함께 한국어도 병기돼 있다는 점이다.

또한, 베이징 시내 중심에 위치해 오전부터 저녁까지 산책로를 따라 도는 사람들로 붐빈다.

공원 가운데는 널찍한 인공 호수와 정자가 조성돼 연꽃이 아름답다.

공원 입구에서 오른쪽으로 따라가다 보면 놀이공원이 나온다. 중국은 대부분의 공원 내에 작은 규모로라도 놀이공원이 있다. 간단한 아동용 탈 거리부터 바이킹, 회전목마 등을 갖춘 큰 시설도 적지 않다. 이 공원에는 어린이 낚시터부터 물속에서 통을 돌리는 기구까지 다양하게 구비돼 있다.

산책로를 따라가다 보면 주민 체육 시설 공간이 나온다.

동네 아주머니부터 할아버지까지 모두 나와 간단한 생활 운동 기구로 단련을 하거나 설치돼 있는 마작이나 장기 등을 두는 것을 흔히 볼 수 있다. 한국 제기보다 상당히 큰 중국 제기를 4~7명이 묘기를 부려가며 열심히 차는 것도 흔히 볼 수 있다. 예전에 대학 시절 선후배들과 공강 시간에 즐겼던 우유 팩 차기를 연상케 한다.

　공원의 야외 탁구장에는 할아버지와 손주가 맞대결하는 장면
도 많이 보인다. 10살 정도의 꼬마가 열심히 되받아치는 장면은 손
에 땀을 쥐게 한다.

　재미있는 것은 집에서 새를 키우는 사람들이 새장에 새를 넣
어 공원에 가져와 나무에 걸어 놓고 쉰다는 점이다. 이들은 새장을
서로 한 곳에 걸어 놓고 몇 시간씩 담소를 나눈다. 주변 사람들이
다가와 새장의 새를 보더라도 전혀 개의치 않는다. 문조나 앵무새
등 새 종류는 무척 다양하다. 매일 산책 나오는 새장 속의 새와 공
원에 사는 새, 과연 누가 더 행복할까.

　　르탄 공원은 외국 대사관들이 몰려 있다 보니 체제 선전장이기도 하다.

　　2020~2021년 코로나19 사태를 겪으면서 자칭 '코로나19와 전쟁 승리'를 기념하기 위해 산책로에 각 지방 정부의 코로나19 방역 투쟁 포스터를 걸어 놓고 중국인들의 애국심을 고취시키고 있다.

🌑 르탄 공원

'북한 대사관 옆집' 르탄 공원

● 르탄 공원

| '북한 대사관 옆집' 르탄 공원 |

● 르탄 공원

| '북한 대사관 옆집' 르탄 공원 |

● 르탄 공원

| '북한 대사관 옆집' 르탄 공원 |

● 르탄 공원

| '북한 대사관 옆집' 르탄 공원 |

● 르탄 공원

| '북한 대사관 옆집' 르탄 공원 |

🌐 르탄 공원

| '북한 대사관 옆집' 르탄 공원 |

저녁 호수에 비친 달이
아름다운 웨탄 공원

月坛公园 西城区西, 路南

'저녁에 공원 호수에 비친 달이 이보다 아름다울 수 있을까?'

'달의 제단'으로 불리는 웨탄은 석월단으로 알려져 있다.

청나라 말기에 야명신을 모시는 행사가 폐지되면서 군 주둔지가 됐으며 일본이 중국을 침공했을 때는 웨탄 주변의 나무들이 모두 잘려나가는 수모를 당하기도 했다.

웨탄도 황제의 제사를 위해 르탄과 마찬가지로 1530년에 착공됐으며 청나라를 거쳐 1955년 웨탄 공원으로 만들어졌다. 2007년 베이징시의 AAA급 풍경구로 지정됐다.

웨탄 공원은 르탄 공원에 비해 매우 작고 아담하다. 베이징 시민들도 잘 몰라 지도를 검색한 뒤 수소문해서 찾아가야 할 정도다.

우여곡절 끝에 웨탄 공원에 도착해 입장권을 사서 빨간 석등을 따라 대로를 따라가면 명나라 때 웨탄의 유적 터가 보인다.

1969년 이 공원 내에 TV 타워가 설치되고 제단의 벽 대부분이 철거되면서 제단 자체는 그다지 보존 상태가 좋지는 않다. 자세히 보지 않으며 여기에 제단이 있는지조차 알기 힘들 정도다.

대형 공원과 달리 아늑한 동네 공원 분위기로 동네 아이들이 공놀이하는 모습을 많이 볼 수 있다.

비밀의 문과 같은 대나무 숲을 통과하면 아름다운 정원이 나온다.

호수 물은 녹조 현상으로 녹색을 띠고 있지만 많은 사람들이 휴식을 취하는 공간이다. 가을밤에는 단풍과 함께 호수에 달이 비추면 장관이라고 하니 꼭 가봐야 할 추천 데이트 코스다.

⚪ 웨탄 공원

| 저녁 호수에 비친 달이 아름다운 웨탄 공원 |

웨탄 공원

| 저녁 호수에 비친 달이 아름다운 웨탄 공원 |

웨탄 공원

| 저녁 호수에 비친 달이 아름다운 웨탄 공원 |

'타임머신 타고 청나라로'
톈탄 공원

— 환구단은 중국 랜드마크, 황제 전용길 장관

📍 天坛公园 北京市东城区天坛路甲1号

베이징에서 가장 이색적인 옛 건물, 큰 모자를 쓴 것 같은 유적은 무엇일까?

　　중국 사극에 자금성과 함께 단골로 등장하는 톈탄이 바로 그 건물이다.

　　톈탄 제단이 속해 있는 톈탄 공원은 중국 4대 공원 중 가장 규모도 크고 모든 걸 압도한다. 하루 수용 인원만 6만여 명에 달한다.

　　베이징의 유명 관광지 중에 하나며 세계 문화유산 및 국가 주요 문화유산 보호 단위이기도 하다. 1900년 8개국 연합군이 톈탄에 사령부를 설치하고 언덕에 포를 설치해 각종 건물과 유물, 나무가 대거 훼손된 바 있다.

이후 신중국이 창립되면서 중국 정부는 톈탄 복원을 위해 녹지 작업에 돌입해 200년 이상 된 나무 수천 그루를 심었다.

톈탄 공원은 면적만 $283m^2$에 달해 공원이라 하기엔 너무 크다. 톈탄은 기우제와 풍년제를 위해 1420년 명나라 영락제가 건설한 제단으로 황실 최대의 제단이다.

톈탄은 내단과 외단으로 나뉘어 있으며 땅을 의미하는 남쪽이 사각형, 하늘을 의미하는 북쪽이 원형의 모습을 하고 있다.

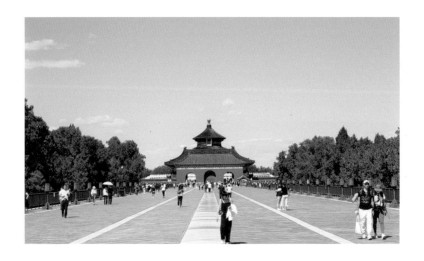

톈탄의 상징은 기년전祈年殿으로 높이가 38m에 달한다.

입장권을 사서 대로를 따라가다 보면 긴 회랑이 나온다. 멀리서도 신기한 모습의 기년전 청색 원형 기둥이 눈에 들어온다. 기년전은 마치 3층으로 올린 멋진 원형 케이크처럼 생겼다. 중국에서도 흔한 건물 양식이 아니라 관람객들이 몰리는 곳이다.

기년전 내부는 더 화려하다. 빨간색 기둥에 금박으로 정교한 문양이 새겨져 있다. 제단의 느낌이 들 정도로 엄숙함이 느껴졌다.

기년문으로 나오면 주작대로가 펼쳐진다. 끝이 보이지 않을 정도다. 가운데 검은색 반석은 황제가 제사를 지내러 올 때 걷던 '황제 전용 길'이었다고 한다. 황제의 기분을 느껴보려고 일부로 이 길을 걸으며 사진을 찍는 중국인들이 꽤 많다.

계속 따라 내려가다 보면 황제가 하늘에 제사를 지냈던 대형 야외 제단 '환구'가 나타난다. 가운데 서 보면 왠지 타임머신을 타고 명나라, 청나라 때로 돌아갈 것만 같은 느낌이 든다.

타임머신을 타고 돌아가 중국 청나라 시대를 만끽하고 싶다면 바로 톈탄 공원으로 오길 추천한다.

● 톈탄 공원

| '타임머신 타고 청나라로' 톈탄 공원 |

🌑 톈탄 공원

| '타임머신 타고 청나라로' 톈탄 공원 |

❷ 톈탄 공원

| '타임머신 타고 청나라로' 톈탄 공원 |

● 톈탄 공원

| '타임머신 타고 청나라로' 톈탄 공원 |

톈탄 공원

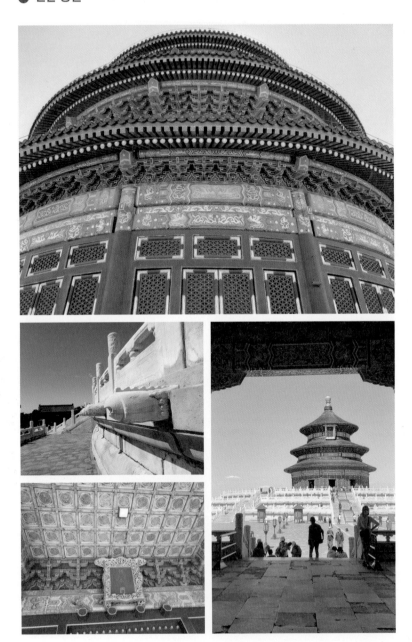

| '타임머신 타고 청나라로' 톈탄 공원 |

● 톈탄 공원

| '타임머신 타고 청나라로' 톈탄 공원 |

● 톈탄 공원

| '타임머신 타고 청나라로' 톈탄 공원 |

😊 톈탄 공원

● 톈탄 공원

| '타임머신 타고 청나라로' 톈탄 공원 |

🎱 톈탄 공원

| '타임머신 타고 청나라로' 톈탄 공원 |

'비둘기들의 천국'이라
부른다⋯⋯ 디탄 공원

地坛公园 北京市东城区安定门外大街东侧

"비둘기가 이렇게 많은 곳은 처음이네요."

디탄 공원을 처음 오는 사람이라면 입구부터 몰려드는 비둘기 떼에 적잖이 당황할 수 있다.

디탄 공원은 1530년부터 건설이 시작됐고 1925년 공원으로 조성됐다. 베이징 둥청의 안정문 거리에 위치한다.

'디탄'이라고 쓰인 으리으리한 정문을 통과해 두꺼운 문을 통과하면 디탄 공원이 본격적으로 시작된다. 이 공원은 공짜가 아니다. 돈을 내고 표를 끊어야 입장이 가능하다.

이 공원은 비둘기를 포함해 새들이 대로를 장악하고 있어 '새들의 천국'이라 부를 만하다. 야외 제단은 톈탄처럼 크진 않지만 나름 위엄이 있었다.

디탄 공원 내부에는 당시 황제가 제사를 위해 들렸을 때 썼던 물건과 유물들이 전시돼 호기심을 자아낸다. 황제 의자, 제사 때 쓰던 악기 등이 보존돼 있다.

명나라 시대인 1530년에 지어진 디탄 제단은 명나라와 청나라 황제가 신을 기리는 장소로 중국에서 가장 큰 제단이었다. 제단에는 황궁실 등 볼거리가 적지 않으며 1925년 공원으로 지정됐다.

1984년 디탄 제단은 베이징 문화유물 보호 단위로 선정됐다가 2006년 국가 문화유물 보호 단위로 승격됐다.

베이징 주민들조차 베이징에 '일월천지' 4개 공원이 있다는 걸 잘 알지 못하고 가 본 사람도 별로 없다고 한다.

하지만 황제 시대 때 하늘에 제사를 가장 중요시 여겼다는 점을 고려하면 그 제단이 마련된 4개 공원을 모두 방문해 보는 건 수도 베이징에서 매우 뜻깊은 경험이 될 것이다.

● 디탄 공원

| '비둘기들의 천국'이라 부른다…… 디탄 공원 |

🌑 디탄 공원

| '비둘기들의 천국'이라 부른다······ 디탄 공원 |

🌏 디탄 공원

| '비둘기들의 천국'이라 부른다…… 디탄 공원 |

한국 교민들이 사랑하는
왕징의 공원들

베이징 한인 최대 거주지인 왕징望京에는 많은 공원이 있다.

왕징은 베이징 외곽으로 볼 수 있는 4환과 5환 사이에 위치하고 있다. 그렇다고 왕징의 공원들을 우리가 한국에서 생각하는 그런 조그만 동네 공원으로 생각했다간 큰코다친다. 서울의 꽤 큰 공원을 연상시켜도 될 정도다.

왕징뿐 아니라 베이징이나 다른 중국 지역 모든 곳에도 동네마다 이렇게 큰 공원들이 잘 조성돼 있다. 이 점은 중국에 살면서 가장 부러웠던 부분 중의 하나였다.

왕징의 대표 공원은 다왕징 공원이며 이밖에 왕허 공원, 난후 공원, 장푸 공원, 베이샤오허 공원, 리두 쓰더 공원 등 다양하다.

이 가운데 한인 교민들이 가장 많이 애용하는 공원은 다왕징 공원이다. 인근에 포스코 빌딩을 포함해 한인들이 많이 사는 올리브 아파트와 보성원 아파트 단지 등이 몰려 있기 때문이다.

한국인들은 공원 문화에 익숙하지 않은 편이다. 하지만 베이징에서 살다 보면 자연스레 공유 자전거를 타고 공원에 가서 트랙을 달린다든지 산책을 하는 습관이 생기는 경우를 많이 본다. 그만큼 가까운 주변에 공원이 많고 중국인들 또한 자기 집 앞마당처럼 수시로 이용하기 때문이다.

배롱나무로 유명한
'쯔웨이 공원'

📍 华汇紫薇公园 北四环外小营北路路南

차오양구 중관촌으로 가다 보면 언뜻 보면 그냥 지나칠 정도로 정문이 작은 공원이 하나 있다.

바로 쯔웨이 공원이다. 한 번 찾아간 뒤에 또 찾아가려면 헷갈릴 정도로 공원 입구가 협소해 눈에 잘 띄지 않는다.

하지만 일단 이 공원을 들어서면 뭔가 다르구나 느끼게 된다. 바로 진귀한 배롱나무로 유명하기 때문이다. 베이징시에서 비싸게 사다가 심어 조성한 것이라고 한다. 배롱나무 사이를 걸어서 산책하다 보면 그 쾌적한 느낌은 다른 공원에 비할 바가 아니다.

이 공원은 소규모임에도 입구 광장에서 광장무를 추는 주민들을 볼 수 있고 공원 구석에서 내기 마작이나 장기를 하는 노인들도 쉽게 볼 수 있다. 보통 한판에 20~30위안 정도가 내기로 왔다 갔다 한다.

이 공원은 20분 정도면 여유롭게 한 바퀴를 돌면서 충분히 볼 수 있으며 주변에는 한라산이라는 한국식 찜질방 겸 사우나와 불도장으로 유명한 식당도 있어 한번 찾아가 볼 만한 장소다.

● 쯔웨이 공원

| 배롱나무로 유명한 '쯔웨이 공원' |

서구식 잔디밭이 그립다면
난후 공원

📍 北京南湖公园 望京地区

'미국과 같은 잔디밭이 펼쳐진 공원을 구경하고 싶다면 난후 공원에 가라.'

난후공원은 교민이 밀집한 대서양신청 아파트 단지에서 가장 가까운 공원이다.

공원 규모는 상대적으로 작지만 앞뒤로 펼쳐진 광활한 잔디밭이 압권이다.

공원길을 쭉 따라 올라가다 보면 원형 광장이 나온다. 여기선 광장무를 추거나 롤러스케이팅 교습을 하는 아이들이 많다.

그리고 광장 뒤로 올라가다 보면 넓은 잔디밭이 펼쳐져 연을 날리거나 가족 단위로 돗자리를 펴 놓고 음식을 먹거나 공놀이를 하는 장면을 자주 볼 수 있다. 최근엔 잔디밭 훼손을 우려해 별도 펜스를 설치하는 등 잔디밭 이용을 규제하는 분위기라 좀 아쉽긴 하다.

잔디광장을 넘어서면 대형 실내 테니스장과 야외 축구 코트가 있어 다양한 레포츠를 즐길 수 있도록 완비돼 있다.

이 공원 바로 옆에는 중국에서 미술 분야로 가장 유명한 중앙미술학원이 있다. 우리나라의 홍익대 미대와 같은 위상을 갖고 있다. 또한 대형 할인점 까르푸와 대형 스포츠용품 가게도 있어 쇼핑과 산책을 함께 하기도 좋은 곳이다.

● 난후 공원

| 서구식 잔디밭이 그립다면 난후 공원 |

포스코 건물이 보이는
다왕징 공원

◉ 大望京公园 朝阳区 辖区内

교민 거주지 왕징의 마천루를 한눈에 볼 수 있는 곳이 어딜까. 바로 왕징 다왕징 공원이다.

왕징에서 가장 큰 공원이라는 이름답게 총면적이 33만 m^2에 달한다.

포스코와 알리바바 빌딩 등 왕징의 고층 빌딩이 운집한 곳 앞에 위치한 다왕징 공원은 들어가서 고개를 돌려보면 마천루 전경이 한눈에 들어온다. 왕징을 대표하는 모습을 찍기 가장 좋은 장소인 셈이다. 이 공원에서 각도만 잘 잡으면 포스코 건물 간판을 배경으로 셀프 카메라도 찍을 수 있다.

이 공원은 널찍한 호수와 함께 양쪽 길을 따라 인공 하천이 조성돼있다. 평일이나 주말에 잠자리채나 양동이를 들고 하천에 들어가 물고기 잡기를 하며 노는 아이들을 흔히 볼 수 있다.

이 하천의 군데군데에는 징검다리도 놓여 있어 손쉽게 건너다
닐 수 있다.

다왕징탑이라는 상징물도 공원 언덕에 우뚝 서 있어 탑 위에
올라서면 왕징 전경이 한눈에 들어온다.

산책 지압 코스와 대나무 숲 그리고 놀이공원도 이용할 만하
다. 400여 년 된 고목 또한 잘 보존돼 있어 볼거리다.

● 다왕징 공원

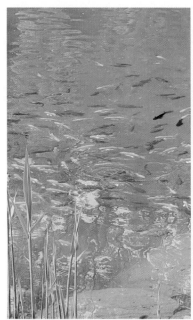

| 포스코 건물이 보이는 다왕징 공원 |

🌑 다왕징 공원

| 포스코 건물이 보이는 다왕징 공원 |

● 다왕징 공원

| 포스코 건물이 보이는 다왕징 공원 |

외국인들이 사랑하는
아름다운 쓰더 공원

📍 四得公园 北京市酒仙桥地区

'외국인들이 가장 사랑하는 공원'이라는 닉네임을 얻은 공원이다.

바로 쓰더 공원으로 베이징 왕징 옆에 위치한 리두丽都에 있다.

리두는 일본인 국제학교가 있는 등 외국인들이 많이 거주해 한국으로 따지면 이태원과 약간 비슷한 분위기를 풍기는 지역이다. 특히 서양인들이 많아 근처에 유명한 생맥주집과 카페 등 핫플레이스가 넘쳐난다.

쓰더 공원은 리두 한복판에 위치하고 있으며 스포츠, 레저, 오락을 주제로 축구장과 농구장, 놀이 시설 등이 모두 구비돼 있다.

축구장 또한 4개 정도 들어서 있어 리그 대항전부터 어린이 축구 교실까지 매일 북적인다.

2003년 공원이 문을 연 이래 호수 등도 조성되면서 더욱 화려해졌으나 코로나19 사태와 경제 불황으로 놀이 시설은 거의 운영이 되지 않고 있다.

특히 이 공원 정문 옆으로는 대형 한국식당인 '애강산'과 더불어 바와 카페들이 즐비하며 주로 외국인들과 중국의 연예인들이 많이 찾는 분위기 있는 곳이다.

베이징에서 압구정 가로수길에 버금가는 핫플레이스에서 공원 산책을 하고 싶다면 바로 쓰더 공원이 답이다.

● 쓰더 공원

| 외국인들이 사랑하는 아름다운 쓰더 공원 |

'강 따라 흐른다'
베이샤오허 공원

📍 北小河公园 朝阳区东湖地区

베이샤오허 공원은 왕징의 베이샤오허 강을 따라 조성된 공원이다.

강이 드문 베이징에서 이런 공원을 만나기 쉽지 않다는 점에서 주민들에게 사랑받는 장소다.

차오양구에서 민간 투자 사업으로 이 공원을 만들었으며 2006년 5월부터 일반인들에게 공개했다.

아담한 호수에 회전목마 그리고 깔끔하게 조성된 꽃밭, 마치 유럽에 온 듯한 전나무 숲길 등은 이 공원만의 자랑거리다.

전반적인 분위기는 '녹색 레크리에이션' 장소를 제공하겠다는 이 공원의 슬로건과 맞아 떨어진다.

이 공원의 언덕을 따라 올라가면 마치 대학 캠퍼스 내 야외 대형 원형 극장을 보듯이 2천여 명을 수용할 수 있는 대형 광장이 펼쳐져 있다.

어린이 놀이터도 별도로 꾸며져 그네와 미끄럼틀 등이 구비돼 있다. 중국에서는 공원이나 아파트 단지에 이런 시설이 거의 없다는 점을 고려하면 특이한 점이다.

아울러 테니스 코트, 농구장, 탁구장, 헬스장 등 체육 시설도 다양하다.

공원 밖을 나오면 강을 따라 펼쳐진 산책 코스를 즐길 수도
있으니 일석이조인 셈이다.

베이샤오허 공원

| '강 따라 흐른다' 베이샤오허 공원 |

베이샤오허 공원

| '강 따라 흐른다' 베이샤오허 공원 |

아파트 단지에도 공원이……
'왕징 3취 공원'

📍 三区公园 北京朝阳区望京三区

중국은 각 아파트 단지마다 공원이 있다. 크든지 작든지 주민들이 운동도 하고 탁구를 할 수 있는 공간이 있는 셈이다. 왕징 대서양 아파트 단지처럼 3천 세대가 넘는 대형 단지에는 아예 단지 안에 호수가 있어 그 주위가 공원처럼 조성돼 있다.

한국 교민이 많이 사는 왕징 3취 단지에는 소형 공원이 있다. 대형 공원이 아닌 아파트 단지 내 이곳을 언급하는 이유는 베이징의 아파트 주민들이 즐기는 삶을 엿볼 수 있기 때문이다.

여기에 설치된 4~5개 정도 되는 탁구대에는 웃통을 벗은 채 구슬땀을 흘리는 노년층들이 항상 있다. 아울러 그 옆 마작 테이블에는 노인들이 몰려서 담배를 문 채 내기 장기나 내기 카드 게임을 하는 장면도 흔히 볼 수 있다.

　공원 광장에서는 광장무 연습을 하는 중국인 아주머니들이 있으며 유모차를 끌거나 개를 산책시키는 중국 여성들 또한 많다. 중국에서 반려견은 시바견과 푸들, 골든래트리버가 유독 많다.

　이 공원을 따라 내려가다 보면 왕징 유일의 한국 상품 전문점인 '내고향마트'도 있어 한국인들이 이 공원에 잠시 들러 휴식을 하는 경우도 종종 보게 된다.

달리기하기 좋은
왕허 공원

📍 望和公园 北京市朝阳区望京地区西南部

왕허 공원은 아늑한 풍경 속에 전형적인 달리기운동 코스다.

들어서자마자 뛸 수 있도록 러닝 코스가 처음부터 길을 따라 쭉 펼쳐져 있다.

대부분 평지 지형이라 여기저기서 운동복을 입고 뛰는 사람들을 많이 볼 수 있다. 전체 한 바퀴를 돌면 2.4km 남짓 된다.

공원 안쪽의 놀이터에는 돗자리를 펴고 앉아 도시락을 먹는 가족들 그리고 줄넘기를 하거나 공놀이를 하는 아이들이 많다. 주말에는 거의 꽉 찰 정도다.

다만 아쉬운 점은 공원 곳곳에 고압 송전탑이 설치돼 있어 고압선들이 아름다운 전경을 망치고 건강에도 좋지 않겠다는 인상을 남긴다.

왕허 공원

| 달리기하기 좋은 왕허 공원 |

베이징의 데이트 코스
장푸 공원

📍 将府公园 朝阳区东侧

장푸 공원은 연인들의 데이트 코스로 안성맞춤이다. 그만큼 분위기가 좋다는 의미다.

웨이보 등에 베이징의 멋진 공원 중 하나로 선정됐을 정도다.

공원 정문 자체는 평범하지만 들어서면 삼림욕장 같은 울창한 숲과 트레킹 코스가 펼쳐진다. 베이징시의 공원 녹지 조성 사업의 일환으로 만들어진 곳으로 2008년 4월 준공됐다.

공원 내에 대형 하천도 가로지르고 있다. 곳곳에 대형 조각들도 들어서 있어 야외 미술관 같은 분위기도 풍긴다.

이 공원에는 과거 철길이 지나갔다. 그래서인지 이제는 끊긴 철길을 그대로 보존해 놓고 멋진 관광자원으로 활용하고 있다.

기차가 지나지 않아 고즈넉한 철길을 배경으로 사진을 찍는 연인들이 끊이질 않는다. 공원 안에 철길이 있는 건 흔치 않기 때문이다.

오래된 철길 사이로 피어난 꽃들과 어울리면서 이 철길은 마치 로맨스 영화 속에 나올 법한 묘한 분위기를 연출한다.

더 안쪽으로 들어가다 보면 대형 호수가 나온다. 오리 떼부터 철새까지 각종 조류들이 한가롭게 거닌다. 관람객 또한 인공 덱deck을 통해 호수를 쭉 둘러볼 수 있다.

● 장푸 공원

| 베이징의 데이트 코스 장푸 공원 |

🎱 장푸 공원

이름부터 강렬한
'태양궁 공원'

📍 太阳宫公园 望京桥旁的太阳宫公园

태양궁 공원은 이름부터 강렬하다.

공원 안에 황제의 묘라도 모셔 놨을 것 같은 느낌이 든다.

하지만 막상 들어가 보면 대형 공원 중의 하나일 뿐 별다른 과거 왕조의 유적은 없다.

이 공원은 베이징시가 2002년 녹지 경관 관광지 사업으로 조성했으며 '태양'을 주제로 정원, 레저, 인공 시냇물, 산림 관광지, 잔디밭 등을 꾸며 놨다.

태양궁 공원을 들어서면 태양을 두 손으로 떠받치고 있는 금색 태양 모양의 탑이 눈에 들어온다.

그리고 산둥성 칭다오의 중앙 광장에서 올 수 있는 '5.4 운동 기념탑'과 유사한 조형물들도 발견할 수 있다.

태양궁 공원 주변은 넓은 호수가 있어 호숫가를 따라 산책도 하고 호수에서 오리 배 등을 타고 수상 레저를 즐기는 사람들이 적지 않다.

베이징 4환에 위치한 공원치고는 다소 한적한 편이지만 워낙 깔끔하게 관리되는 공원이라 꼭 한번 가 볼 만한 곳이다.

● 태양궁 공원

| 이름부터 강렬한 '태양궁 공원' |

PART 2

베이징의 숨결 속
전통 뒷골목
'후퉁'

베이징 토박이들이 그리워하는
옛 골목길 '후퉁'

"후통(胡同)에 오면 어릴 적 살던 동네가 생각나서요."

중국인 여성 A 씨가 10여 년간 후통 골목을 돌아다니며 사진을 찍는 이유다.

40대 베이징 토박이인 이 여성은 후통에는 중국만의 멋스러움과 예스러움 그리고 추억이 가득 담겨 있다고 한다.

골목골목마다 널려 있는 빨래조차도 그렇게 정겨울 수 없다고 한다.

그래서인지 베이징의 다른 관광지와 달리 후통에는 전문가용 카메라를 들고 골목 구석구석을 누비는 사람들이 많다. 20대 대학생부터 70~80대 노인까지 다양하다.

우리나라도 통영 동피랑 벽화마을 등 재개발 예정지였던 판자촌이 관광지로 변한 것과 서울 종로구 서촌 마을이나 남산 한옥 마을이 인기를 끄는 것도 다 이런 그리움이 반영됐기 때문이 아닐까.

베이징의 전통과 역사가 살아 숨 쉬는 후통은 원나라 때부터 800여 년간 서민들의 주거지로 사용되던 수도 베이징의 옛 골목을 상징한다.

전통 가옥 사합원四合院과도 맥을 같이 한다.

좁은 뒷골목을 의미하는 후퉁은 칭기즈칸이 베이징을 정벌하면서부터 조성되기 시작한 것으로 알려져 있다. 우물을 중심으로 형성된 후퉁의 어원은 몽골어로 우물을 뜻하는 '후퉁忽洞'에서 유래했다는 게 일반적인 설명이다.

공식적으로 알려진 후퉁만 4천여 개에 달하며 이를 다시 세분하면 몇 개인지 알 수조차 없다고 한다. "이름을 가진 후퉁이 3천600개이고 이름 없는 후퉁은 소털처럼 많다有名胡同三千六, 無名胡同似牛毛"는 말처럼 시내 중심 3환을 중심으로 안쪽에 널리 분포돼 있다.

이처럼 후퉁은 방대하며 모든 골목이 미로처럼 얽혀 있다. 실제로 후퉁에 무작정 발을 디뎠다가는 몇 시간씩 헤매는 경우도 적지 않다. 필자 또한 휴대전화의 바이두 지도 애플리케이션을 이용해 간신히 빠져나온 적이 한두 번이 아니다.

이처럼 얼핏 보면 다 똑같아 보이는 골목이지만 골목마다 각기 다른 이름을 갖고 있다. 1970~1980년대에 멈춰 선 것 같은 전통 가옥과 빛바랜 담장과 지붕들 그리고 무성한 꽃과 풀들이 이곳이 바로 후통이라고 설명하는 듯하다.

그러나 최근 후통의 골목길이 정비되고 페인트가 칠해지면서 멋스런 느낌은 점차 사라지는 분위기다. 더구나 과거 무분별한 재개발로 후통이 많이 훼손되기도 했다. 2000년대 들어 중국도 전통문화 유지에 중요성을 깨닫고 베이징의 후통 거리 보존에 적극적으로 나서고 있지만 예전 같은 느낌은 나지 않는다는 평가가 적지 않다.

하지만 아직도 베이징에서 과거와 현재 그리고 미래를 동시에 볼 수 있는 곳을 꼽으라면 단연 후통이 아닐까 한다.

후통하면 빼놓을 수 없는
스차하이와 옌다이셰제

什刹海西海湿地公园平面导览

西海湿地公园占地面积10.9公顷，其中水面面积7.4公顷，周边绿地面积3.5公顷，环湖步道长1460米。历史上的什刹海水域，最早是古永定河下游的一处河湖湿地，自金代起，因种植白莲而得名"白莲潭"，元代起被称为积水潭。什刹海，无论从历代留下的诗词到现代老舍先生笔下的什刹海，描绘出的都是一幅自然生态的湿地景观，什刹海湿地公园的改造建设旨在恢复西海历史上的湿地景观风貌和本地区丰富的物种多样性，从而构建城市湿地环境的生态系统。同时结合历史文化以及湿地科普知识和游览休闲，打造既朴野自然，又具有文化特色的湿地公园。

후퉁을 설명하려면 스차하이(什刹海)와 옌다이셰제(烟袋斜街)를 빼놓고는 얘기할 수가 없다.

후퉁 자체가 이곳과 사방으로 연결돼 있기 때문이다.

스차하이는 대규모 호수를 둘러싸고 조성된 지역이다. 호수에는 다른 호수들과 마찬가지로 연꽃이 심어져 아름다움을 더한다. 이 호수에서는 사람들이 오리 배를 타거나 수영을 하기도 한다.

한국과 정말 다른 점은 이 호수에 안전 장비도 없이 주로 노인들이 속옷만 입고 자연스럽게 수영을 한다는 것이다. 스차하이 호숫가 주변을 돌다 보면 이런 모습을 자주 볼 수 있다.

이 호수를 둘러싼 건물들은 대운하의 일부로 예전부터 상업 및 문화 지구로 명성이 자자했다고 한다. 현재는 라이브 바 등으로 개조돼 저녁이 되면 싼리툰 등 베이징 번화가를 방불케 한다.

워낙 크다 보니 인력거꾼들이 상시 대기하고 있지만 타는 사람들은 거의 없는 편이다.

스차하이의 은정교를 넘어서면 옌다이셰제 후퉁이 보인다.

옌다이烟袋는 말 그대로 곰방대다. 예전에 곰방대를 팔던 거리였다는 의미다.

지금은 기념품 가게 거리로 변모해 사람이 비집고 들어가기 힘들 정도로 붐빈다. 베이징 기념엽서부터 열쇠고리, 기념 티셔츠, 모자 등 웬만한 건 다 살 수 있고 사탕수수즙을 짠 음료수부터 간식거리도 맛볼 수 있다.

복잡한 분위기가 싫다면 구석의 골목길로 들어서 보자. 고즈넉한 분위기를 연출하는 첸징 후퉁, 난관팡, 양자오딩 후퉁 등도 볼 수 있으니깐.

🎳 스차하이

| 후통하면 빼놓을 수 없는 스차하이와 옌다이셰졔 |

🌀 스차하이

| 후통하면 빼놓을 수 없는 스차하이와 옌다이세제 |

🌑 옌다이세제

| 후통하면 빼놓을 수 없는 스차하이와 옌다이세제 |

● 옌다이세제

| 후통하면 빼놓을 수 없는 스차하이와 옌다이세제 |

🌀 첸징钱井 후통

| 후통하면 빼놓을 수 없는 스차하이와 엔다이세제 |

● 첸징 후퉁

| 후퉁하면 빼놓을 수 없는 스차하이와 옌다이세제 |

🌑 난관팡南官房 후통

| 후통하면 빼놓을 수 없는 스차하이와 옌다이세제 |

난관팡 후통

| 후통하면 빼놓을 수 없는 스차하이와 옌다이세제 |

🐾 양자오덩羊角灯 후통

| 후통하면 빼놓을 수 없는 스차하이와 옌다이세제 |

신중국 명예 주석에 오른
여인 쑹칭링 고택을 보니

베이징 스차하이에 유명한 유적지가 하나 있다. 바로 중국 혁명의 아버지로 불리는 쑨원의 부인 쑹칭링宋慶齡의 고택이다.

쑹칭링은 19세기 중국 최고 재력가 쑹자수의 첫째 딸로 어린 시절 미국 유학을 통해 서구 문화를 배웠다. 하지만 자신이 중국인임을 잃지 않고 나라에 도움이 되겠다는 일념하에 20세에 귀국해 쑨원과 결혼해 그를 지지하는 연설가, 통역사, 비서로 도왔다.

쑹칭링은 초창기 쑨원의 후계자 장제스를 도왔다가 나머지에는 마오쩌둥을 지지하며 장제스 정권 타도에 앞장섰다. 1949년 중국에 중화인민공화국이 들어섰고 쑹칭링은 1981년 사망에 앞서 명예 주석의 호칭을 받았다.

쑹칭링 고택 앞에는 '중화인민공화국 명예 주석'이라는 현판이 걸려있다. 입구에 들어서면 그녀의 흉상이 보인다. 내부 건물은 예전 그대로 복원돼 있었고 곳곳에 그녀가 활동하던 사진이 걸려 있었다.

정원과 마당에는 쑹칭링이 생전에 좋아했던 비둘기들이 사육되고 있었다. 내부 전시관에는 쑹칭링의 일생을 조망하는 그림과 사진, 유물들로 가득했다. 밖으로 나오면 아늑한 호수가 있어 다사다난했던 그녀의 일생도 말년에는 조용했겠다는 생각이 들었다.

쑹칭링 고택

| 신중국 명예 주석에 오른 여인 쑹칭링 고택을 보니 |

베이징인들의
비밀스런 공간 사합원

한국에 전통 가옥 한옥이 있다면 중국에는 사합원四合院이 있다.

사합원은 후통을 돌아다니다 보면 흔히 볼 수 있는 베이징 상류층의 전통 건축 양식이다.

건물 4채가 동서남북에 배치돼 'ㅁ'자 형태를 이뤄 사합원이라고 한다.

사면 가옥이 독립해 있으면서도 복도는 이어져 있다. 대문만 걸어 잠그면 그야말로 작은 성城처럼 밀폐된 구조다.

베이징 토박이들은 사합원에서 새와 물고기, 화초를 기르며 살아왔으나 현재는 베이징 또한 대규모 개발로 사합원은 후통 골목에서나 볼 수 있을 뿐 대부분 아파트촌으로 변모했다.

사합원은 집주인 신분을 알 수 있도록 만들어졌다는 점도 재미있다.

대문 앞에 놓여 있는 계단의 숫자에 따라 집주인 신분이 나뉘기 때문이다. 명나라와 청나라 시대 때는 품계에 따라 사합원 계단의 숫자가 달랐고 오직 황족만이 계단을 7개까지 놓을 수 있다. 보통 후통 골목에는 문 앞 계단이 4~5개짜리가 대부분이고 계단 옆에는 문신인지 무신인지 알 수 있도록 석상이 놓여 있는 경우도 많다.

후통의 사합원들은 문이 열려 있는 경우가 많다. 이런 사합원은 안으로 들어가면 가게나 또는 사무실, 음식점으로 쓰이는 경우가 많다. 하지만 사합원 문 앞에 상호나 간판이 없는데 무작정 들어갔다가는 주인에게 혼날 수 있으니 조심해야 한다.

사합원은 문만 닫으면 내부에서 뭘 하는지 알 수 없는 폐쇄형 구조라 중국의 고위 공직자들을 상대로 한 비밀 식당으로도 운영된다고 한다. 이런 곳들은 일반 손님을 받지 않고

회원들만을 상대로 영업하는 프라이빗 클럽 형태로 운영된다. 특정 사합원 근처에 번호판을 가린 외제 차들이 많다면 한번 의심해 볼 만하다.

최근에는 사합원을 리모델링해 전통 분위기의 호텔로 운영하

는 곳도 늘고 있어 인기다. 내부 시설과 가구, 침구까지 청나라 시
대 그대로 재현해 타임머신을 타고 여행 온 듯한 느낌을 준다.

　　2005년에는 호주의 언론재벌 루퍼트 머독이 40억 원 주고 베
이징 징산景山구에 위치한 사합원을 구입해 화제가 됐을 정도로 중
국인뿐만 아니라 외국인에게도 재테크 수단으로 인기가 높다.

● 사합원

| 베이징인들의 비밀스런 공간 사합원 |

울타리는 사라졌지만
명·청 시대가 재현된 다자란

스차하이 후통 미로를 헤매다 보면 다자란大棚栏이 나온다. 첸먼다지에前門大街의 서쪽 골목으로 제법 큰 식당과 기념품 가게들이 즐비해 후통 골목을 누빈 관광객들을 맞이한다.

첸먼다지에는 톈안먼 광장의 정남쪽에 위치한 첸먼 앞으로 펼쳐진 1.4km의 상가를 말한다. 첸먼은 황제가 내성을 출입할 때 쓰는 황제 전용 어문이었다. 이 주위의 거리는 명나라부터 청나라에 이르기까지 베이징에서 가장 번화한 상점가였다.

첸먼다지에와 연결된 다자란은 명나라 때부터 사람들로 북적이는 상업지구이다. 역사와 전통을 자랑하는 식당과 상점들이 영업을 시작한 곳으로 관광객과 베이징 사람들로 항상 붐빈다.

다자란이란 이름은 만주족이 청나라를 건설한 이후 곳곳에서 민란이 발생하자 돈 많은 상인들이 약탈을 우려해 울타리책란를 설치한 데서 유래됐다.

다자란은 과거 사진 자료와 당시까지 남아있던 구조물 등을 토대로 옛 모습을 재현했다. 하지만 현재 여기서 파는 물건은 기념품과 간식거리 등에 불과해 옛 물건을 찾아보긴 어렵다.

모조 골동품과 공예품으로 유명한 리우리창琉璃廠도 중국 정부가 공을 들여 옛 모습을 재현했으나 상점들이 도태하면서 마찬가지 상황이다.

다자란에는 중국의 옛 상가뿐 아니라 중국 부호와 고관들의 정원들도 곳곳에 산재해 있다. 메이란팡梅蘭芳 고가도 볼 만하다. 메이란팡은 중국의 경극배우로 용모와 연기력이 뛰어났으며 경극에 현대적 색채를 가미했다. 그는 경극계 최고 배우로도 일컬어지며 중국 혁명과 항일투쟁에 적극적으로 참여하기도 했다.

스차하이 습지 공원에서 엔다셰제로 이어지는 코스 또한 베이징 라오자장면을 포함해 군것질과 수많은 가게들이 있어 볼 만하다.

🍵 다자란

| 울타리는 사라졌지만 명·청 시대가 재현된 다자란 |

🌑 다얼大耳 후통

| 울타리는 사라졌지만 명·청 시대가 재현된 다자란 |

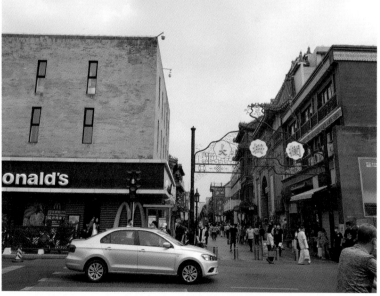

| 울타리는 사라졌지만 명·청 시대가 재현된 다자란 |

🌸 바이허옌百合园 후퉁

| 울타리는 사라졌지만 명·청 시대가 재현된 다자란 |

🌐 베이다샨北大扇후통

| 울타리는 사라졌지만 명·청 시대가 재현된 다자란 |

| 울타리는 사라졌지만 명·청 시대가 재현된 다자란 |

🎮 양웨이杨威 후퉁

| 울타리는 사라졌지만 명·청 시대가 재현된 다자란 |

취덩取灯 후퉁

| 울타리는 사라졌지만 명·청 시대가 재현된 다자란 |

● 펀저우汾州 후퉁

| 울타리는 사라졌지만 명·청 시대가 재현된 다자란 |

국자감과 공묘가 있다······
관슈옌 후퉁

관슈엔官书院 후통은 관管과 서书라는 이름만 봐도 여기가 학문의 전당임을 알 수 있다.

여기에는 베이징北京에 위치한 고대 중국 최고의 학당 국자감과 공자 묘 사당이 있다.

이 골목에 들어서면 수백 년 된 고목이 즐비하고 바람마저 선선하며 마음이 차분해져 이곳이 명당임을 느낄 수 있다.

골목 상점에서는 붓, 먹, 벼루와 화선지 등을 내다 놓고 파는 모습이 눈에 띈다. 다른 베이징의 관광지와 달리 비교적 한적한 분위기인데 막상 국자감과 공자묘를 보러 들어가게 되면 그 큰 규모에 놀라게 된다.

서울의 성균관처럼 공자 묘 사당에도 '대성전'이라는 가장 큰 건물이 있고 수백여 개의 기념비가 즐비하며 이어진 통로로 이동하면 국자감에서 잘 정돈된 대형 학숙 등도 볼 수 있다. 그 규모는 어마어마하다. 하지만 오히려 소박한 듯하면서 짜임새 있고 운치 있는 서울의 성균관에 더 끌리는 건 내가 한국 사람이어서일까.

　　공자묘와 국자감을 다 보고 나오면 이 후통 거리가 달라 보인다. 청나라 시절 이 골목을 누볐을 지식인들을 생각하면서 말이다.

● 국자감과 공묘

국자감과 공묘

| 국자감과 공묘가 있다…… 관슈옌 후퉁 |

🌑 국자감과 공묘

| 국자감과 공묘가 있다…… 관슈옌 후퉁 |

🌑 국자감과 공묘

🌑 국자감과 공묘

| 국자감과 공묘가 있다…… 관슈옌 후퉁 |

PART 3

만리장성에 서서
베이징을
본다면

달에서 과연
만리장성 보일까

"달에서도 만리장성이 보일 정도로 중국의 자랑거리예요."

만리장성에서 만난 중국인 A 씨가 자신감에 찬 목소리로 했던 말이다.

사실 달에서는 만리장성이 보이지 않는다.

중국인 A 씨의 주장은 과거 중국 초등학교 교과서에 "만리장성이 우주에서도 육안으로 관측 가능한 인공구조물"이라는 속설들을 소개해 온 데 따른 것이다. 중국 정부도 이 속설이 틀린다고 인정한 바 있다.

그럼에도 만리장성은 자금성과 함께 중국을 대표하는 상징물이며 세계적으로 찾아보긴 힘든 거대한 구조물인 건 사실이다.

동쪽 산하이관에서 시작되는 장성은 서쪽 자위관까지 동서로 길게 뻗어 있으며 길이가 6천300여km에 이른다.

현재 남아 있는 장성은 대부분 명나라 때 만들어진 것이다. 장성은 축조 초기인 진秦, 한漢 시대에는 현재보다 훨씬 북쪽에 위치했다. 그 이후 거란契丹과 돌궐突厥의 침입에 대비하기 위해 현재 위치로 남하된 것이다.

만리장성은 기원전 200년께 진시황이 처음 세운 것으로 알려져 있다. 하지만 만리장성은 그 전부터 있었던 성벽을 보수해 이어 붙인 것이다.

베이징에서 살면서 좋은 점은 외곽으로 나가면 어디서든지 장성의 흔적을 찾아볼 수 있다는 것이다.

물과 호수를 끼고 도는 수장성水長城, 깎아지는 절벽 위의 쓰마타이司马台장성, 오밀조밀 멋있는 무톈위慕田峪장성, 장성이 바다와 만나는 산하이관山海关장성 등이 대표적이다.

물속에 잠긴 장성 '수장성'
그 길을 따라가면

"여기 와서 물속에 있는 장성을 보세요."

베이징 인근의 수장성水长城을 갔더니 여행 가이드가 와 보라며 연신 손짓을 한다.

만리장성 중에 장성의 벽 자체가 호수 안에 있는 경우는 이곳이 유일하다고 한다. 수장성은 호수를 따라 산악 지대 능선을 타고 장벽을 쌓았는데 능선 중 지대가 낮아 호수와 맞닿는 일부 지점이 호수 밑까지 가라앉게 된 것이다.

여행객들도 신기한지 이곳에서 사진을 찍느라 정신이 없다.

이처럼 장성을 따라 거대한 호수가 이어져 장관을 이룬다. 특히 봄이나 가을철에 벚꽃이나 단풍이 졌을 때 오면 한 폭의 풍경화가 따로 없을 정도다.

　수장성 내에는 황화성장성이 있다. 산과 벌판에 가득한 노란 꽃 때문에 황화성이라고 불린다. 명나라 영락제 2년1404년에 건설돼 베이징을 지키는 북대문일 뿐만 아니라 명 13릉을 지키는 중요 관문이기도 하다.

　황화성장성을 넘어서면 유리 잔도가 보인다. 장성이 물속에 들어간 구간을 다리로 만들고 그 바닥을 유리로 깔아 놓은 것이다. 여기에 접근하려면 절벽처럼 경사가 심한 장성의 계단을 따라 내려가야 한다. 한 발을 디딜 때마다 거의 80도에 가까운 경사 때문에 머리가 아찔해진다. 노인들은 아예 앉아서 한 계단씩 내려가는 경우도 있을 정도다.

유리 잔도를 따라 양쪽으로 펼쳐진 호수의 장관을 구경하고
나면 다시 절벽 같은 계단을 따라 수장성으로 올라가야 한다. 이
또한 경사가 가팔라 금세 숨이 차오른다. 정신없이 앞만 보고 오르
다가 고개를 돌려보면 유리 잔도가 아득하게 보인다. 거의 산 하나
를 계단을 타고 다 올라온 셈이다.

수장성에 오는 사람들은 장성 구경뿐 아니라 캠핑이나 과실
따기도 한다.

'명나라 왕방원'에 가서 밤을 줍거나 텐트를 치고 캠핑도 즐길
수 있기 때문이다. 곳곳에 구운 밤을 파는 사람들과 가게가 보이는
데 큰 무쇠솥에 고운 모래를 채우고 구워 내는 방식이다. 왕방원은

명나라 때 장성을 지키던 병사들이 재배한 밤나무 단지다. 이곳의 밤나무는 "중국에서 가장 아름다운 고대 나무"라는 칭호를 갖고 있다.

수장성 꼭대기에 오르면 모노레일이 설치돼 이 열차를 타고 장성 밑으로 내려갈 수 있다. 롤러코스터를 연상시키지만 속도는 빠르지 않다. 하지만 천천히 하강하면서 수장성 곳곳의 경치를 모두 볼 수 있어 꼭 타보는 게 좋다.

수장성을 모두 관람하면 다시 1시간가량 걸어서 돌아와야 한다. 때문에 대부분 여행객들은 호수선착장에서 유람선을 타고 강바람을 맞으면 입구로 나오게 된다. 배를 타고 장성을 구경하는 재미 또한 쏠쏠하기 때문이다.

수장성

│ 물속에 잠긴 장성 '수장성' 그 길을 따라가면 │

● 수장성

| 물속에 잠긴 장성 '수장성' 그 길을 따라가면 |

| 물속에 잠긴 장성 '수장성' 그 길을 따라가면 |

● 수장성

| 물속에 잠긴 장성 '수장성' 그 길을 따라가면 |

● 수장성

| 물속에 잠긴 장성 '수장성' 그 길을 따라가면 |

● 수장성

| 물속에 잠긴 장성 '수장성' 그 길을 따라가면 |

● 수장성

| 물속에 잠긴 장성 '수장성' 그 길을 따라가면 |

| 물속에 잠긴 장성 '수장성' 그 길을 따라가면 |

🌑 수장성

| 물속에 잠긴 장성 '수장성' 그 길을 따라가면 |

'장성도 보고 전통 마을도 보고'
구베이수이전

장성을 보는 데 빼놓을 수 없는 게 바로 구베이수이전古北水鎮이다.

구베이수이전 자체가 쓰마타이司马台장성을 끼고 있기 때문이다. 구베이수이전 관광 패키지에 아예 이 장성 관람이 기본으로 포함돼 있을 정도다.

구베이수이전은 베이징 외곽에 인공적으로 조성된 옛 마을 리조트다.

베이징의 거의 끝자락으로 위치해 있으며 쓰마타이장성만 넘어서면 바로 허베이河北성이다. 베이징의 교민 거주지인 왕징에서 자동차로 운전해도 꼬박 2시간 정도 걸린다.

총면적이 여의도 3배가 넘는 거대한 규모로 부동산 개발회사가 8천여억 원 투자해 중국의 각종 전통 마을 양식을 모두 구현해 놓은 곳이다. 따라서 구베이수이전을 한번 구경하

면 중국의 다른 지역은 갈 필요가 없다는 말도 있다. 물론 진짜로 현지에 가서 보는 것과는 차이가 있겠지만 그만큼 중국의 각종 전통 건물이 잘 재현돼 있다는 의미다.

하천과 돌다리, 장성, 명·청 시대의 아름다운 정자와 고성, 양조장, 염색장 심지어 교회당까지 만들어 한마디로 아름다운 세트장이다. 양조장에서는 이곳에서 만든 바이주를 사

갈 수도 있다. 술 도수는 40도 내외로 달콤한 맛이 일품이라 베이징 사람들에게 인기가 많다.

골목마다 기념품 가게와 간식 등을 판매하는 음식점들로 북적인다. 구운 두부 등 다양한 특색 요리는 수십 명이 줄을 설 정도로 정평이 나 있다.

저녁에는 분수 쇼와 레이저 쇼도 하고 야간 조명이 어우러지면 구베이수이전의 운치는 더욱 깊어진다.

베이징 사람들은 버스나 자가용을 이용해 당일치기로도 오기도 한다. 하지만 이곳은 온천도 개발돼 있어 주말이나 휴가 때 며칠씩 머물고 가는 경우도 적지 않다. 구베이수이전 내 호텔은 비싸기로 악명이 높지만 인근 펜션 등 숙박 시설은 비교적 저렴해 베이징 토박이들은 이런 곳을 애용한다고 한다.

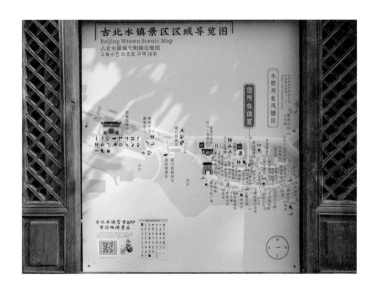

베이징 사람들이 연휴에 해외나 지방으로 가지 못할 때 제일 많이 찾는 구베이수이전은 베이징을 오는 방문객이라면 꼭 가 봐야 할 장소이다.

구베이수이전

《抗美援朝－捐飞机》 解放初期
Korean War–Donating Planes, at the beginning
of liberation

| '장성도 보고 전통 마을도 보고' 구베이수이전 |

🌑 구베이수이전

| '장성도 보고 전통 마을도 보고' 구베이수이전 |

🌐 구베이수이전

| '장성도 보고 전통 마을도 보고' 구베이수이전 |

🌑 구베이수이전

'장성도 보고 전통 마을도 보고' 구베이수이전

🌑 구베이수이전

| '장성도 보고 전통 마을도 보고' 구베이수이전 |

해 질 녘 오르면
가장 아름다운 쓰마타이장성

"온 세상이 가라앉듯 해가 지네요."

저녁 7시께 어스름이 깔릴 때 쓰마타이司马台장성에 오른 교민 A씨는 만리장성이 길게 펼쳐진 길을 따를 산을 배경으로 해가 지는 모습에 연신 감탄사를 쏟아냈다.

이 장성의 길을 따라 산들이 끝없이 펼쳐진 모습은 가히 장관이다. 일몰과 겹치면 장성 전체가 붉은색으로 물들면서 마치 천국에 와 있는 듯한 느낌을 연출한다.

이처럼 구베이수이전 함께 있는 쓰마타이장성은 해 질 녘에 오르면 가장 아름다운 만리장성 중에 하나다. 워낙 험한 산악 지대에 조성이 됐고 거의 80도 가까운 급경사 지역까지 있어 멀리 바라볼 때 장성의 용틀임이 돋보이기 때문이다.

구베이수이전에 진입해 큰길을 따라 거의 끝까지 가면 케이블카를 타는 곳이 나온다. 바로 쓰마타이장성 왕복 케이블카다. 이 케이블카를 타도 20여 분 가까이 가야 한다. 꽤 높은 경사로 끝없이 올라간다. 바람도 적지 않게 불어 케이블카가 흔들리는 경우가 많아 고소 공포증이 있는 사람들은 힘들어한다.

쓰마타이장성에 케이블카가 도착하면 끝나는 게 아니다. 장성을 보려면 또 걸어야 한다.

오솔길을 따라 걷다 보면 곧바로 40~50도에 달하는 급경사 코스가 있고 좀 돌아서 완만하게 장성을 볼 수 있는 코스가 있다.

　16세기 명나라 때 지어진 쓰마타이장성은 다른 장성들과 달리 원래 그대로 보존돼 있다. 여기저기 부서지고 허물어져있지만 '날것 그대로의 멋'이 있다. 더구나 굉장히 급경사라 거의 기어 올라가다시피 해야 한다. 가장 높은 절벽 위의 망루는 해발 1천m가 넘는다고 하니 도대체 어떻게 지었을지 신기할 정도다.

　쓰마타이장성으로 오르는 길목에는 자물쇠와 소원을 담은 리본 그리고 돌탑들이 수없이 많이 보인다. 과연 이들은 소원을 모두 이뤘을까?

● 쓰마타이장성

| 해 질 녘 오르면 가장 아름다운 쓰마타이장성 |

🌏 쓰마타이장성

| 해 질 녘 오르면 가장 아름다운 쓰마타이장성 |

🌏 쓰마타이장성

| 해 질 녘 오르면 가장 아름다운 쓰마타이장성 |

외국인들이 가장 많이 찾는
무톈위장성

만리장성 중에 미국 등 서양의 외국인을 가장 많이 볼 수 있는 곳은 바로 무톈위慕田峪장성이다.

한국에서 베이징 단체 관광을 와서 보는 장성은 대부분 빠다링八达岭장성인 것과 대조된다. 빠다링장성의 경우 인근 다른 관광지와 연계가 잘 돼 있다. 특히 한인 거주지인 왕징을 숙소로 맞춰 여행 패키지를 짜는 경우가 많아 대부분 한국인 관광객들은 빠다링장성을 보고 가서 주변인들에게 "만리장성 봤다"라고 말하게 된다.

빠다링장성은 말 그대로 중국 정부가 가장 먼저 대규모 관광지로 조성했던 곳이다. 장성의 길 폭도 넓고 힘들지 않게 관람할 수 있도록 돼있다.

반면 무톈위장성을 서양인들이 좋아하는 이유는 우선 베이징에서 가장 가깝다는 데 있다.

또한 무톈위장성 입구에는 다양한 카페와 버거킹 등 식당 등이 있어 다른 장성들에 비해 가장 세련된 분위기를 연출한다. 주말 아침에 가면 맥도날드 등 카페에 앉아 커피를 마시면서 등산 장비를 챙기는 서양인들을 흔히 볼 수 있다.

쓰마타이장성이 '날것' 그대로라면 무톈위는 경사가 험하긴 해도 잘 보존돼 있다. 또한 비교적 긴 구간을 걸어 다니며 장성을 구경할 수 있다는 장점이 있다. 산 아래에서 장성까지 거리도 30여 분 정만 걸으면 돼 비교적 덜 힘들다.

무톈위도 다른 장성과 마찬가지로 왕복 케이블카가 운행돼 편하게 이용할 수도 있다.

도널드 트럼프 전 미국 대통령 부인도 방중 당시 이곳을 방문해 주목을 받기도 했다. 그만큼 서양의 외국인들에게 입소문이 난 덕분이 아닐까.

🌏 무톈위장성

| 외국인들이 가장 많이 찾는 무톈위장성 |

바다와 맞닿는 해돋이를
보려면 산하이관장성

"장성 끝에 서니 넓은 바다가 보이네요."

베이징에서 차로 3~4시간 거리에 있는 청더承德의 산하이관山海关은 바다와 접해 있는 장성으로 유명하다.

그렇다 보니 만리장성의 시작이자 끝이라는 말이 나온다.

매년 새해가 되면 첫 해돋이를 보려고 산하이관에 수십만 명의 인파가 몰린다. 특히 베이징 사람들이 많이 몰려온다. 새해 전날 자정쯤에 미리 가서 두꺼운 외투를 입고 밤새 기다린 뒤 새해의 해가 뜨는 것을 보면서 복을 기원한다고 한다. 이날은 중국 인민군용 겨울 외투 대여소가 불티난다고 한다.

이처럼 사람들이 해돋이에 열광인 것은 중국이란 큰 대륙의 특성상 태어나서 죽을 때까지 바다 한번 구경 못하고 죽는 사람이 태반이라는 점도 고려해야 한다. 그만큼 중국인들에게 바다는 동경  의 대상이다. 여기에 만리장성이 더해졌으니 산하이관장성은 중국인들이 꼭 가고 싶어 하는 '버킷리스트'인 셈이다.

황해 앞바다가 바라보이는 산하이관은 '천하제일관'이란 명칭을 갖고 있다. 예전에 조선 사신들도 베이징으로 들어오려면 반드시 산하이관을 통과해야 하기 때문이다. 그래서인지 두터운 성곽과

활, 포 등 각종 병기들이 잘 전시돼 있다.

산하이관 내 성곽 도시도 잘 재현돼 있다.

거대한 고성 성곽을 걸어서 돌 수도 있다. 성 내부에는 각종 기념품 가게와 식당이 넘쳐난다. '인희'라는 한식 비빔밥집도 있어 한국인이라면 들러 볼 만하다. 또한 주요 대로를 따라가다 보면 산하이관 주재 조선 전쟁 고아원 건물도 볼 수 있는 등 유적이 잘 보존돼 있다.

산하이관의 성곽 길을 쭉 따라가다 보면 어느 순간 바다 냄새와 더불어 출렁이는 소리가 들리기 시작한다. 조금 더 걷다 보면 드디어 바다가 보이기 시작한다.

바다에 떠 있는 어선과 컨테이너선들이 이곳이 바다임을 보여 준다. 드디어 산하이관장성의 끝이 보이기 시작하면서 바다와 닿아 있는 곳에서 종지부를 찍는다. 바로 라오룽토우老龙头라는 비석이 있는 지점이다. 모든 사람이 여기서 기념사진을 찍느라 정신이 없다.

산하이관장성 입구에 있는 팔괘진도 꼭 경험해 볼 만하다. 주역의 팔괘에 따라 복잡한 미로를 만들어 놓은 것으로 초자배기라면 한 번에 출구까지 다시 나오기 쉽지 않다. 팔괘진의 가운데 있는 정자에 오른 사람들이 출구 방향을 가리키며 손짓을 하기 때문에 주변 사람들만 잘 따라가면 출구를 찾을 수 있다.

산하이관장성은 주변에 진시황 박물관 등 볼거리가 적지 않다.

산하이관을 나와 30분 정도 차로 이동하면 진시황이 불로초를 찾으라고 보냈다는 전설을 바탕으로 조성된 박물관과 공원이 나온다. 바로 진시황 박물관이다. 수십m짜리 진시황 동상과 마차를 끄는 조각상도 압권이다.

🌑 산하이관장성

| 바다와 맞닿는 해돋이를 보려면 산하이관장성 |

● 산하이관장성

| 바다와 맞닿는 해돋이를 보려면 산하이관장성 |

● 산하이관장성

| 바다와 맞닿는 해돋이를 보려면 산하이관장성 |

산하이관장성을 간다면
반드시 봐야 할 피서산장

중국 허베이河北성 청더承德의 산하이관 장성을 구경하는 사람들이 반드시 들리는 관광지가 있다. 바로 피서산장避暑山莊이다.

연암 박지원의 『열하일기』로 유명한 곳인 만큼 한국인들의 필수 방문 코스이기도 하다.

청나라 황실의 여름 별궁인 피서산장은 1703년 강희제가 축조를 시작해 1792년 완공됐다. 면적이 5.6㎢로 자금성紫禁城의 8배 크기에 달한다.

궁전구宮殿區 뒤편의 호구湖區는 저장浙江성과 장쑤江蘇성에 있는 아름다운 원림을 본떠 만든 전형적인 중국 정원으로 호수 주변에 여러 정자가 세워져 있다.

이곳은 연암 박지원이 1780년 건륭제 칠순 축하 사절단의 일행으로 중국을 다녀온 뒤 쓴 열하일기熱河日記에 등장한다. 열하熱河는 청더의 옛 이름이다.

피서산장 북쪽에 있는 보타종승지묘普陀宗乘之廟는 티베트 포탈라궁을 닮아 '작은 포탈라궁'으로 불린다. 1767년 건륭제가 어머니인 황태후의 80세 생일을 기념하고 소수민족의 신앙인 티베트 불교에 대한 존경심을 나타내기 위해 건설됐다고 한다.

멀리서 볼 때는 티베트 라싸에 있는 진짜 포탈라궁과 정말 유사하다. 하지만 이곳을 둘러보면 시멘트와 나무 등을 쓴 흔적이 보인다. 규모 또한 진짜 포탈라궁에 비해 너무 작아 아쉬움을 남겼다.

하지만 각도만 잘 잡아 사진을 찍는다면 "라싸 포탈라궁에 갔다 왔다"고 말해도 충분히 남을 속일 수 있을 정도로 분위기는 티베트를 연상시킨다.

티베트 라싸의 포탈라궁에서 봤던 경건한 표정의 승려들을 여기선 볼 수 없다. 과거의 영광은 사라지고 사실상 관광지 일부로 전락했다는 점은 아쉬웠다.

◉ 피서산장

| 산하이관장성을 간다면 반드시 봐야 할 피서산장 |

🌐 피서산장

| 산하이관장성을 간다면 반드시 봐야 할 피서산장 |

🌏 피서산장

| 산하이관장성을 간다면 반드시 봐야 할 피서산장 |

★ ⁚

'진짜 포탈라궁' 있는
티베트 라싸에 가보니

'진짜 포탈라궁은 도대체 어떻게 생겼을까.'

중국 허베이성 청더의 피서산장에 있는 '미니 포탈라궁'을 본 사람이라면 진짜 포탈라궁도 궁금할 것이다.

다행히도 필자는 '세계의 지붕'으로 불리는 중국 티베트_{시짱, 西}藏 자치구의 주도인 라싸_{拉薩}를 방문할 기회가 있었다. 하지만 여기에 가려면 고산병 약을 일주일 전부터 먹어야 한다.

중국인들은 '홍경천_{紅景天}'이라는 약을 주로 먹는데 그렇다고 이 증세가 없어지지도 않는다. 해발 3천700m의 고지대인 라싸에 가려면 극심한 두통은 참아야 한다는 말이다.

수도 베이징에서 라싸까지 가는 길 또한 멀고 험하다. 직항이 없어 중국 서부개발 중심지인 청두_{成都}에서 비행기를 갈아타고 라싸로 들어가야 한다. 항공편으로도 가는 데만 꼬박 하루가 걸린다.

라싸 공항에 내리니 여느 다른 중국 지역과 다른 이색적인 풍
경이 펼쳐졌다. 수천m 고원에 있는 공항은 주변이 온통 메마른 풀
이나 돌로 덮인 거대한 산봉우리로 둘러싸여 있었다. 주변에 건물
들만 없다면 마치 화성에 온 듯한 느낌이 들 정도다.

또 하나 놀라운 점은 거리 곳곳마다 중국 국기가 걸려 있고 벽이
나 선전 간판에는 시진핑習近平 중국 국가 주석이 강조한 민족 융합, 그
리고 개방 등이 쓰여 있다. 그만큼 중국 공산당이 소수민족과 융화를
통해 국가 운영에 각별히 신경을 쓰고 있음을 볼 수 있는 대목이다.

중국은 1950년부터 티베트를 지배하면서 1959년 티베트 독립
을 요구하는 대규모 시위를 진압하고 1965년 이 지역을 시짱 자치
구로 편입했다. 그리고 지난 2008년에는 라싸에서 대규모 유혈 폭
력 시위가 발생하는 등 문제가 있어 중국 정부는 그동안 티베트를
언론에 공개하기를 꺼려 왔다.

라싸의 핵심 관광지는 조캉사원과 포탈라궁이다. 티베트 불교의 상징적인 장소이자 대표 관광지인 조캉사원과 포탈라궁은 방문한 날에도 발 디딜 틈이 없을 정도로 관광객과 순례자들로 붐볐다. 하루 입장 인원이 한정되지 않았다면 줄을 서다 끝날 정도로 인기가 많았다.

　　조캉사원 앞에는 수많은 기념품 가게가 놓여 있는 가운데 일부 순례자는 매우 힘들고 경건한 기도 방법인 오체투지五體投地를 하고 있었고 외국인 관광객들은 사진을 찍거나 기념품을 사느라 북적거렸다.

　　포탈라궁도 마찬가지였다. 포탈라궁은 젊은이들도 가파른 계단을 한발 내디딜 때마다 숨이 가빠지고 머리가 깨질 듯한 두통이 찾아온다. 노인들은 지팡이를 짚고 한걸음 걷다가 쉬면서 올라가고 있었다.

　　라싸의 대표 관광지에는 똑같이 광장 한가운데 중국 국기가 꽂혀있었고 시진핑 주석 사진을 볼 수 있었다. 이는 티베트가 분명히 중국 땅이며 티베트 민족과 융화를 통해 중국 정부가 발전을 이끌고 있다는 점을 대내외에 과시하는 것으로 보인다.

🌑 티베트 라싸와 포탈라궁

| '진짜 포탈라궁' 있는 티베트 라싸에 가보니 |

🌏 티베트 라싸와 포탈라궁

| '진짜 포탈라궁' 있는 티베트 라싸에 가보니 |

🌏 티베트 라싸와 포탈라궁

| '진짜 포탈라궁' 있는 티베트 라싸에 가보니 |

● 티베트 라싸와 포탈라궁

| '진짜 포탈라궁' 있는 티베트 라싸에 가보니 |

PART 4

베이징에서
유리 잔도와 동굴을
함께 느끼다

장자제가 부럽지 않은
톈윈산 유리 잔도

"아름다운 산에 유리 잔도 거기에 동굴까지 한꺼번에 볼 수 있는 곳은 여기가 처음이네요."

베이징 근교의 톈윈산天雲山을 찾은 교민 A 씨가 감탄사를 연발하며 한 말이다.

베이징 시내에는 자금성과 천안문 등 중국을 대표할 만한 문화 유적이 있지만 근교에도 볼거리가 적지 않다.

톈윈산은 북방의 장자제張家界라고 불릴 정도의 천예의 자연 환경 자랑한다.

톈윈산을 가게 되면 보통 입장료를 끊고 왕복 케이블카에 유리 잔도 그리고 협곡과 동굴까지 구경하게 된다.

해발 1천200여m에 달하는 산이니만큼 걸어서 올라가기는 솔직히 쉽지 않다. 더구나 대부분의 베이징 산들이 가파른 경사라 왕복 케이블카를 이용하는 게 일반적이다. 톈원산의 케이블카는 최신형이 아니다. 마치 놀이공원의 대관람차 통처럼 뻥 뚫려 조악하게 생겼다.

처음 타는 사람이라면 이게 과연 안전할까라는 의문이 들기도 한다. 케이블카 이름 또한 용자勇子라고 붙여 공포심을 자극한다. 과연 용감한 사람이 탈 만큼 중간중간 아찔하게 흔들린다.

케이블카에서 내리면 바로 유리 잔도가 시작된다.

밑이 바로 수백m 낭떠러지다. 유리 잔도는 지지대를 대서 바닥이 유리로 된 산책 코스를 만들어 놓은 곳이다. 심장이 약한 사람은 바닥을 보면 움찔하며 물러서게 된다. 하지만 좀 시간이 지나면 익숙해져 뛰어다니는 사람도 있을 정도다.

유리 보도 끝에는 '톈허궁'이라고 사찰을 만들어 놔 잠시 쉬다 갈 수 있도록 배려했다.

톈허궁을 본 뒤 다시 '유리 잔도'라는 표지판을 따라 걷다 보면 협곡을 이어놓은 큰 다리가 보인다.

유리로 바닥을 만들어서 그런지 안전상의 문제로 입구에서 직원들이 일정 수의 관람객만 입장시키고 있었다. 또한 유리가 더러워질까 봐 '덧신'을 신어야만 출입이 가능하다.

유리 잔도에 발을 디디니 다리 전체가 흔들리며 밑에는 천길 낭떠러지다. 겁에 질려 앞만 보고 가는 중국인들도 있다.

다리를 건너면 톈윈산의 명소인 유리로 만든 전망대가 나온다. 일부 바닥은 거울형으로 돼 있어 푸른 하늘과 구름이 그대로 반사돼 마치 하늘 위에 떠 있는 듯한 느낌을 준다.

🌀 톈윈산 유리 잔도

| 장자제가 부럽지 않은 톈윈산 유리 잔도 |

🌏 톈윈산 유리 잔도

| 장자제가 부럽지 않은 톈윈산 유리 잔도 |

● 톈윈산 유리 잔도

| 장자제가 부럽지 않은 톈윈산 유리 잔도 |

☻ 톈윈산 유리 잔도

| 장자제가 부럽지 않은 톈윈산 유리 잔도 |

절벽 속 햇살이 아름다운
후둥수이 대협곡

'구슬이 쏟아지는 것 같은 물줄기들…….'

후둥수이湖洞水 대협곡을 표현할 수 있는 가장 적당한 글귀가
아닐까 싶다.

텐윈산 유리 잔도를 보고 난 뒤 다시 차를 타고 10여 분 정도
이동하면 후둥수이 대협곡이 나온다.

이 협곡에 들어서면 한여름이라도 서늘한 기운에 옷깃이 여며
진다.

삼국지 등 중국 고전을 보다 보면 협곡에서 습격하는 장면들
이 많이 나오는데 이 협곡에 들어서면 천혜의 요새 지형이라는 느
낌이 들었다.

깎아지는 듯한 가파르고도 높은 절벽 나무들이 빼곡해 그 안에 매복하면 적격이기 때문이다.

아울러 이들 절벽 곳곳에 자연 폭포가 햇빛에 반사되는 모습 또한 장관이었다. 흩뿌리는 폭포수 줄기는 햇빛과 맞닿으면서 무지개 형상이 펼쳐지기도 한다.

소리를 지르면 그 소리가 그대로 되돌아온다는 '회음벽' 절벽도 있어 사람들이 몰려서 '와~'라고 소리 질러 본다.

한국에서 볼 수 없는 이런 협곡을 즐기고 싶다면 후둥수이 대협곡 또한 좋은 선택이라고 말하고 싶다.

● 톈윈산 후둥수이 대협곡

| 절벽 속 햇살이 아름다운 후둥수이 대협곡 |

⚫ 톈윈산 후둥수이 대협곡

| 절벽 속 햇살이 아름다운 후둥수이 대협곡 |

'베이징에 이런 동굴이 있네'
징둥다룽둥

어느 누가 중국 수도 베이징에서 이런 대규모 자연 동굴을 볼
수 있다고 상상이나 했을까.

전혀 예상하지 못한 곳에서 신세계가 펼쳐질 때 저도 모르게
'아~' 하는 감탄사가 나오게 된다.

"천하제일 옛 동굴"이라는 간판을 내건 천운사의 징둥다룽둥
京東大溶洞 또한 그러했다.

이 동굴은 15억 년 전에 만들어졌다고 한다. 종유석 동굴로
동굴 곳곳에 기묘한 종유석과 굴의 형태가 많아 영화 「에이리언」의
한 장면을 연상케 한다.

아쉽게도 이 동굴은 사진 촬영을 제한되는 등 제약이 많았다. 빛에 노출되면 동굴 내 종유석에 좋지 않다는 이유라고 한다.

동굴 내부는 오색 빛깔 조명으로 동굴 내 종유석의 아름다움을 배가시켰다.

동굴 중간부터는 물이 가득 차 '동굴 택시'로 불리는 깡통 배를 이용해야 한다. 뱃사공의 능숙한 노 젓는 솜씨로 10여 분 정도면 다시 동굴 지면이 이어지는 곳으로 연결해 준다.

30여 분 정도면 다 볼 수 있으므로 베이징처럼 큰 도시에서 이런 자연 동굴을 본다는 것 자체가 신기한 일이었다.

특히 여름에 가면 이 동굴 내부 온도는 10도 정도며 선선한 동굴 바람까지 불어 최적의 피서 장소로 추천할 만하다. 다만 베이징에 있다 보니 워낙 관광객들이 많아 거의 줄을 서서 구경해야 한다는 점은 '옥에 티'였다.

● 톈윈산 징둥다룽둥

| '베이징에 이런 동굴이 있네' 징둥다룽둥 |

● 텐윈산 징둥다룽둥

| '베이징에 이런 동굴이 있네' 징둥다룽둥 |

베이징에서 여행이 아닌 5년간 살면서 느꼈던 점은 생활 그 자체가 '버킷리스트'가 될 수 있겠다는 것이다.

동네 공원과 골목 그리고 중국인들의 평범한 삶을 들여다보는 것 자체가 중국을 잘 이해하는 데 큰 도움이 되기 때문이다.

물론 수도 베이징의 마천루와 자금성 등 거대한 문화 유적을 보는 것도 좋은 일이다. 하지만 여행이 아니라 좀 더 베이징에 머물 기회가 된다면 동네부터 시작해 베이징 토박이들이 자주 찾는 교외까지 한번 관심을 가져보는 것도 좋을 듯하다.

매일 베이징의 왕징이나 시내 궈마오를 산책을 하면서 공원에서 색소폰을 부는 할아버지, 광장무에 열중인 중년 여성들, 태극권에 칼춤을 추는 남녀들, 줄넘기하는 아이들, 탁구 치는 사람들, 반려견을 산책시키는 젊은이들을 보며 미소를 지은 적이 한두 번이 아니다.

또한, 후퉁에서 전문가용 카메라를 짊어지고 골목 구석구석을 찾아다니며 빨랫줄에 널린 이불까지도 클로즈업해 셔터를 눌러대는 청년들, 러닝셔츠에 속바지 차림으로 좁은 골목에서 둘러앉아 카드게임을 즐기는 노인들 속에서 베이징의 과거와 현재 그리고 미래도 볼 수 있다.

제국 시대의 영광이었던 만리장성을 오르면 '중국몽'이라는 자신감에 벅찬 베이징 사람들이 보인다. 반면에 장성의 벽에 '우리 사랑 변치 말자'고 낙서하는 젊은이들 그리고 오이 등 주전부리를 파는 할머니들에게선 혼재된 시대상도 느끼게 된다.

톈원산이나 구베이수이전처럼 베이징 교외로 나오게 되면 또다른 순박한 베이징이 보인다. 자금성인 1환을 중심으로 6환까지 펼쳐져 있는 베이징은 6환부터는 사실상 시골 풍경과 다름없고 주민들 또한 1980년대의 삶을 연상시키기 때문이다.

벤츠나 BMW 등 외제 차가 넘쳐나는 베이징에서 조금만 외곽으로 나가면 아직도 소달구지도 지나간다면 믿을 수 있을까.

하지만 이건 사실이다. 베이징을 정말로 기억하고 싶은가. 그렇다면 주변 공원 산책부터 시작해 보자. 그러면 어느 순간 당신의 버킷리스트가 될 테니 말이다.

CHINA BUCKET LIST

베이징을
기억하다

초판 1쇄 발행 2021. 11. 12.

지은이 심재훈
펴낸이 김병호
편집진행 조은아 | 디자인 양헌경

펴낸곳 주식회사 바른북스
등록 2019년 4월 3일 제2019-000040호
주소 서울시 성동구 연무장5길 9-16, 301호 (성수동2가, 블루스톤타워)
대표전화 070-7857-9719 경영지원 02-3409-9719 팩스 070-7610-9820
이메일 barunbooks21@naver.com 원고투고 barunbooks21@naver.com
홈페이지 www.barunbooks.com 공식 블로그 blog.naver.com/barunbooks7
공식 포스트 post.naver.com/barunbooks7 페이스북 facebook.com/barunbooks7

· 책값은 뒤표지에 있습니다.   ISBN 979-11-6545-528-6 03910